はじめに

●小さなお店や会社を悩ませる「不況」という言葉

「安くやります」

「何でもやります」

「どこへでも行きます」


私が独立したころ、バカの1つ覚えのように言っていました。

がむしゃらにやっていれば、いつかチャンスは訪れると思っていました。

朝早くから夜遅くまで一生懸命に働きました。

しかし、事務所の費用や働いてくれる人の給料、車のリース代や販促費用などさまざまな経費の支払いを終えて月末に預金通帳を開くと、「なんでお金がないんだ?」と疲弊《ひへい》感だけが残っていました。

こうした現実と理想の格差をどうして埋めていけばいいか？

「何が悪くてどうなっているのか？」

空回りしている自分に気づいていましたが、どうしたらいいのかもまったくわかりませんでした。

時間を見つけては、「思い願えば望みはかなう」「人生はより良く豊かになる」と自己啓発の本にたくさん線を引いては理想の未来を描いていました。


「安くやります」

「何でもやります」

「どこへでも行きます」


そうすることで、お客様にも喜ばれて、私たちも儲《もう》かって、より良い結果になると思い込んでいました。

知識がないことほど怖いものはありません。

小さなお店や小さな会社は、安易な安売りをしてはいけません。

「ライバル店、ライバル会社より高いから売れない」

「地域のどの店よりも、どの会社よりも安くしなければお客様が来ない」

このような思考で商売をしては、いずれ行き詰まってしまうのです。


安くすることでお客様を集める！

これで本当に確かな利益が残り、儲かる店づくりや会社づくりができるのでしょうか？


先日、近所にフランチャイズ系のクリーニング店がオープンして「ネクタイ・スラックス・スカート、ドライ商品なら通常439円がなんと半額！　220円」というチラシが新聞に折り込まれていました。

以前からその地域にあった、夫婦で経営する小さなクリーニング店が「お客様を取られてはかなわない」と、同じようなチラシをつくって新聞の折り込み広告を出していたのです。

しかし、しばらくすると小さなクリーニング店はシャッターを降ろして、空き店舗の案内が貼《は》られていました。

●安易な安売りはNG！

実際に、「安く！　良いもの！」と看板を高々と掲げて儲けているお店や会社もあります。しかしそれは、安易な安売りをしているのではなく、安くても儲かる仕組みが緻密《ちみつ》につくられて機能しているからできることなのです。

たとえば、品質がよくてリーズナブルな値段で買えるお店で人気の「ファッションセンターしまむら」は、過去最高の営業利益（２０１７年）を記録してトップクラスの業績となっています。

緻密に計算されつくした、商品の供給や店舗運営の仕組みが強さの秘密です。

作業の効率化をはかり、徹底してムダを省き、利益の出る仕組みができ上がっているのです。
しかし、こうした緻密な仕組みもなく、安易な値引きで小さなお店や小さな会社が勝負すると命取りになりかねません。

商売には「原則」があります。

スポーツにルールがあるように商売にもルールがあるのです。
儲けるための基本的なルールが存在するのです。
ですから、ルールを知らないで商売をするほど愚《おろ》かなことはありません。

●景気に左右される商売はうまくいかない

景気が良いと忙しくなる。景気が悪いとヒマになる。
私はかつて10数年間、地域の小さな町工場で働いていました。

社長からは「腕に技術をつけると、将来、おまえの人生は食いっぱぐれることはないぞ」と言われ、真面目にコツコツと技術を学びました。

実際に、その町工場は熟練の職人さんがいて、技術力の高い工場でした。

私もしっかり学んだことで腕には自信がありました。ほかの工場経営者から「うちに来て仕事しないか？」と声をかけられるほどになったのです。


しかし、あるとき円高不況がやってきました。

仕事が激減しました。

残業が続いた工場は、午後の早い時間に仕事を終える状態になりました。

親会社からは加工費を値引きするよう容赦《ようしゃ》なく言われました。

受注量が減ってしまい、1日の職人の仕事量が確保できなくなってきたので、社長に「営業に行きましょう」と言うと、「こんなヒマなときに見積りしても、足下を見られるだけだ」と言って、まったく新規取引先を探すことはありませんでした。

社長自身も、これほど急に業界が落ち込むとも思っておらず、どう対応すればいいのかもわからなかったのでしょう。

何より技術力が高く評判されていたので、「いずれまた景気が良くなれば仕事は増える」と言って、いまの状況を我慢して耐えしのげば、何とかなると話していました。


景気が良くなると工場が忙しくなる。

景気が悪くなると工場はヒマになる。

これでは会社を経営しているとは言えません。

私は未来を描けず、その町工場を辞めました。

●経営のやり方しだいで商売繁盛！

町工場を去り、独立起業してまだ日も浅いころ、私は異業種交流会に参加しました。

異業種交流会では、地域の町工場や商店などの代表者が20名ほど集い、定期的に勉強会を開催していました。

交流会の代表は坂本さんという方でした。

坂本さんは地域でも評判の経営者でした。

従業員数は20人程度の町工場でしたが、特定分野で世界トップ3のシェアを持つ会社でした。

ある日、懇親会の席で坂本社長から「佐藤くんは経営の勉強をしているのか？」と尋ねられました。

「経営の勉強ですか？」と、私は思わず聞き返しました。

坂本社長は、経営の勉強と言われて困っていた私に、「経営者になるのなら経営の勉強をすることが必要だ」と1冊の本をすすめてくれました

それが『ランチェスター弱者必勝の戦略』（竹田陽一著、サンマーク出版）という本でした。

私はさっそくその本を購入しました。本の裏表紙を見ると、こう書かれていました。

「中小企業の利益性が思わしくない原因はいくつもあるが、その1つは経営のやり方が間違っているためだ。経営のやり方には、強者のやり方と弱者のやり方の2通りあり、この2つは全くことなる」

「経営の勉強＝経営のやり方」

しかも、大きなお店や会社と、小さなお店や会社では経営のやり方が違う。

私はこの書籍と出会って経営を学び、未来は大きく変わっていきました。「経営の正しい知識を得たこと」と「経営の確実な技術を得たこと」で、私の実践力はいままで以上の力を発揮することができました。

この本『お客を呼ぶ！　スゴい仕掛け』は、私が竹田先生から経営を学び、1位づくり戦略コンサルタントとしての立場から、成功して儲けている小さなお店や小さな会社の事例を交えながら、その秘訣《ひけつ》を紹介しています。

また、経営のやり方は、竹田先生が経営戦略と呼ぶ「8大戦略」のなかの「顧客維持戦略」という、お金をかけずにお客様に気に入られ、何度も足を運んでいただく方法です。

この「顧客維持戦略」は、実践すれば間違いなく利益を生み出します。

知識もなく間違ったやり方で、いくら頑張っても、小さなお店や小さな会社は良くなりません。

トップであるあなたが、しっかり経営の原理原則を勉強して取り組まないと望む未来は手に入らないでしょう。

商売の原理原則・知識が未来を支配します。

商売は正しい知識と原理原則に沿った行動で業績が決まります。

ハンディキャップなしの真剣勝負です。

商売の分野が何であれ、利益を伸ばそうと思ったら、この原則を理解することがきわめて大切なものとなるのです。

２０１８年2月

１位づくり戦略コンサルタント　佐藤　元相

もくじ

お客様を呼ぶ！スゴい仕掛け

はじめに

第1章 お客様はもう増えない！ お金をかけずに「リピート客」を増やす仕掛け

第2章 お金はかからない！ いままで忘れていたリピート客を探し出す仕掛け

第3章 値引き・安売り厳禁！ アイディアひとつで利益を叩き出す仕掛け

第4章 クレームを見過ごすな！ お客様の声をリスト化する仕掛け

第５章　まだまだやれることはある！　お客様がファンになるスゴい仕掛け

第1章

お客様はもう増えない！
お金をかけずに
「リピート客」を増やす仕掛け

「お客様は喜んでくれる？」と考えることが商売の第一歩

大阪市平野区にある洋菓子店の「パティスリー・ガレット」（スタッフ10名）は、２００４年に創業しました。

お店は平野郷といって、昔ながらの風情《ふぜい》を残す町で営まれています。

パティスリー・ガレットのオーナー久保さんは値引きやキャンペーン、クーポンといった価格で勝負するようなことはなく、チラシもまきません。

しかし数年間、来店客数と業績がともに「１２０％連続して伸びている」という小さなお店です。

いったいどのような取り組みで成果を出しているのでしょうか？

「パティスリー・ガレット」のオーナー久保さん（写真右）とスタッフ。

オーナーの久保さんに話を聞きました。

私はずっと自分（お店）が喜ぶことを考えて、ケーキづくりや販売に取り組んできました。だから業績が良くならなかったのだと思います。

いつも頭のなかはもっと売上げを上げるためにはどうすればいいのか、廃棄やロスを減らすにはどうすればいいのか、そんなことを毎日考えていました。

それがある夜の出来事ですっかり考えが変わりました。

お誕生日ケーキを買いに来られたお客様がスッカラカンのショーケースを見て、「これ1つしか残っていないのですか？　いまからつくってもらうことはできますか？」と言いました。

私は生地《きじ》や素材もないので「ごめんなさい、つくることができません」とお断りをしてしまいました。

そのときのお客様のがっかりした顔はいまでも忘れられません。

私はケーキのロスを減らしたいばかりに、午後5時以降にデコレーションケーキはつくらない考えでいました。閉店間際になったときに、デコレーションケーキを完売することで「やった！」と喜んでいたのです。

しかし、よくよく考えてみると、それってお客様の立場になってみたらどうなのだろうかと考え始めました。

たとえば、午後7時にお客様がデコレーションケーキを買うために私の店を訪れて、ショーケースを見ると、1つまたは2つのケーキだけしか残っていない。

もっと早い時間なら、5つ並んでいて通常の状態なのです。

これって、お客様にとってまったく選択肢がありません。

しかし、私は「予約しなかったんだから仕方ないでしょ」と思っていたのです。

自分だけがバンザイ！　と喜んでいても、お客様はまったく喜んでいない状況でした。

つまり、お客様をがっかりさせていたのです。
たとえ陳列しているケーキを買ってもらっていたとしても、お客様は「喜んで買い物をしているわけではない」ということに気がついたのです。

そこで、デコレーションケーキを午後5時以降もしっかりつくってショーケースに5つ並べてみたら、お客様はどのような反応をするだろうかと試してみました。

数カ月後に集計を取ってみたら、なんと通常の1・4倍売れていました。
私はこれほど多くのお客様をがっかりさせていたかと反省しました。ケーキすべてが完売できたわけではありません。残り物も出ましたが、デコレーションケーキに限らず、ほかの生クリーム系のケーキや小物などの販売数量が伸びたのです。

久保さんはスタッフと一緒に、「どうすればよりお客様に喜ばれる店づくりができるのか？」と考える機会を持つようにしたと言います。

そこで、最初に「繁盛店の法則」（私の執筆した月刊コラム）をスタッフみんなに回覧して読んでもらうことから始めました。

「繁盛店の法則」は毎月1つのテーマで、事例を交えて課題解決の方法を書いたコラムです。

これを事前にスタッフに読んでもらうことで、「何をどうすればいいのか？」がイメージしやすいと考えたのです。

私は課題のワークシートを印刷して「これを次回の会議までに考えてみてくださいね」とスタッフに配りました。

数日後、あるスタッフが「こうすればもっとお客様が喜んでくれると思うのですが……」とワークシートを見せてくれました。ワークシートにはびっくりするほどたくさんの意見やアイディアが書かれていました。

私はスタッフが考えたアイディアを積極的に採用するようにしました。

次号のテーマは「お客様に不便をかけない」という内容でした。

私は「テーマの各項目に、あなたの体験やアイディアや考えなどを書いて提出してください」と会議の２週間前に、スタッフにワークシートを手渡しました。

ワークシートは３つの項目に絞りました。

1．今まで、どこかへ買い物に行った時、イヤな思いをしたことを、挙げてください。

2．ガレットで、お客様に不便をかけている事、また、イヤな思いをさせてしまっている事を、挙げてください。

3．2の改善方法、対策が思いつくものがあれば、挙げてください。

1の「今まで、どこかへ買い物に行った時、イヤな思いをしたことを、挙げてください」という項目には、自分自身がお客様の立場になって体験したことを書いてもらうように伝えました。

すると……。

「笑顔なし」「仕事やる気なし感が伝わってくる」「商品の説明が分かりにくい」「値段が分かりにくい」「欠品がっかり」「店が汚い」「忙しい時の接客が悪い」「ポイントカード・小銭落としている」など、スタッフ自身が感じたことを書いてくれました（次ページ参照）。

次に、2の「ガレットで、お客様に不便をかけていること、また、イヤな思いをさせてしまっている事を、挙げてください」という項目は、お客様の視点で自分のお店を観察してもらいました。

すると、次のような意見が出てきました。

- **ポイントカード（消費税分付かない）**
- **デコ仕上げ（時間前に来店の時）**
- **新人の子のフォロー**

どんなことでお客様にイヤな思いをさせているのか、お客様の立場になった意

「パティスリー・ガレット」が
お客様の立場に立って取り組んだワーク

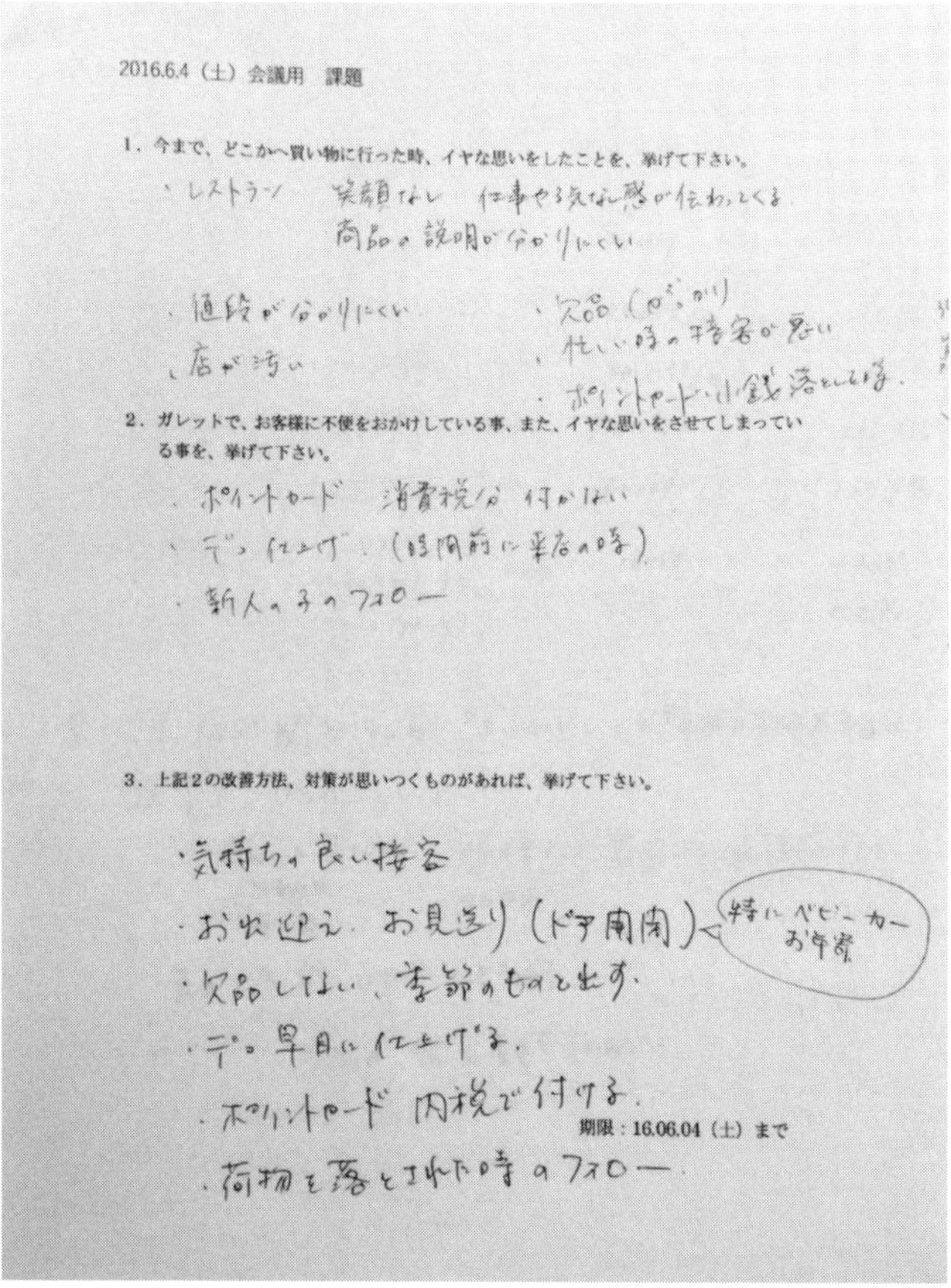
2016.6.4（土）会議用　課題

1．今まで、どこかへ買い物に行った時、イヤな思いをしたことを、挙げて下さい。

・レストラン　笑顔なし　仕事やる気ない感が伝わってくる
商品の説明が分かりにくい

・値段が分かりにくい
・店が汚い
・欠品（品ぎれ）
・忙しい時の接客が悪い
・ポイントカード・小銭落とした時

2．ガレットで、お客様に不便をおかけしている事、また、イヤな思いをさせてしまっている事を、挙げて下さい。

・ポイントカード　消費税分付かない
・デコ仕上げ（時間前に来店の時）
・新人の子のフォロー

3．上記2の改善方法、対策が思いつくものがあれば、挙げて下さい。

・気持ちの良い接客
・お出迎え　お見送り（ドア開閉）← 特にベビーカー　お年寄
・欠品しない、季節のものを出す
・デコ早目に仕上げる
・ポイントカード　内税で付ける
・荷物を落とされた時のフォロー

期限：16.06.04（土）まで

あるスタッフの書いたワーク。自分自身がお客様の立場で考えることにより、3の改善方法、対策が次々と出てくる。

見でした。私はそれぞれについてスタッフに聞いてみました。

・ポイントカード（消費税分付かない）

パティスリー・ガレットでは、詰め合わせの場合、内税のポイントはつけていませんでした。

しかしスタッフが言うには、「私がお客様の立場だったら２５００円を払っているのにポイントが２３１５円の税抜価格でしかついていない。１８５円の消費税分ですと言われても、それは店側の都合であって、お客様は２５００円を支払ったのだからおかしい。支払ったお金とポイントに差が出るのは、何だか損をしたように感じる」ということでした。

・デコ仕上げ（時間前に来店の時）

デコレーションケーキを予約してくれているお客様が受け渡し時間の30分前にパティスリー・ガレットに来店されたことがあったそうです。

まだ予約時間の前なので仕方ありませんが、30分ほど待っていただいたことが何度かあったということでした。

・新人の子のフォロー

お客様から「領収書をお願いします」と言われたときに、よくわからずバタバタとして時間を待たせてしまったことがありました。

3の「2の改善方法、対策が思いつくものがあれば、挙げてください」の項目では、以下のアイディアや意見が出てきました。

・気持ちの良い接客
・お出迎えやお見送り↓ドアの開閉。とくにベビーカーで子供連れのお客様やお年寄りの方には忙しいときこそ全員が注意を払い対応する。
・欠品しない（とくに季節物）↓イチゴやメロンなどの季節物のフルーツ系のケーキは、人気が高いので欠品しがちになっている。
・デコを早めに仕上げる↓デコレーションケーキは予約時間に合わせてつくっ

ていたので、予約時間にきちんとお渡しできることが良いことだと考えます。でも少し早めにケーキをつくっておいても何の問題もないことに気がつきました。

・ポイントカードに内税つける！

・お客様が荷物を落とされたときのフォローー↓レジの周りは財布を取り出すときにバッグからほかの荷物が落ちることが多々ありました。「大丈夫ですか？」と声をかけるだけではなく、レジ前からお客様のところまで出て対応したほうがいい。

・新人の子のフォローー↓お客様を接客している現場で先輩が新人をフォローして、お客様を待たせないようにする。

久保さんは、スタッフ自らが改善していく姿に、最後に笑顔でこう話してくれました。

自分たちで考えて自分たちで行動するスタッフを見ていて、頼もしくなりました。

スタッフの行動が少しずつ変わってきたある日、こんなことがありました。

あるお客様がレジで「カードは使えるのですか？」と、財布からクレジットカードを取り出して言いました。

対応したスタッフが「カードは使えません。現金でお願いしています」と言うと、「ちょっと待っていてくださいね」とお客様は外へ出て、国道を渡ったところにある銀行まで現金を引き出しに行かれたのです。

これまで1週間に1回程度、カードの取り扱いについて聞かれることはありましたが、たいしたことではないと思っていました。また、クレジットカードの取り扱いでいくらかの手数料がかかるので尻込みをしていました。

しかし、スタッフがこうした体験を話してくれたことで、「お客様にとても不便をかけていることだ」と思い、すぐにクレジットカードを取り扱えるようにしました。

クレジットカードの取り扱いを始めてしばらくすると、1日に2〜3人、土曜日には10件ほどのお客様が利用しておられることがわかりました。

さらに、クレジットカードを利用するお客様の平均購買単価は、現金購入される方よりも高いこともわかりました。

このように、お客様に不便をかけていることを解消していくことで、お店の業績は確実によくなっています。


以上、パティスリー・ガレットが取り組んだことを、あなたのお店や会社で実際にどんな取り組みができるか落とし込んでみてください。

まずは、あなた自身が考えて書き込んでみてください。そして、いますぐできることがあれば実践してみてください（次ページワーク1）。

その目的は「お客様に不便をかけない」ということ。

おそらく実践してみて、現場にしかわからないこと、気づかないことが出てくるはずです。そのときに、ワークシートを社員やスタッフに配って考えてもらえば、彼ら

ワーク1

あなたの体験やアイディアを書き出そう

1.いままで、どこかへ買い物に行ったとき、
イヤな思いをしたことを挙げてください。

2.あなたのお店や会社で、お客様に不便をおかけしていること、
また、イヤな思いをさせてしまっていることを挙げてください。

3.1、2の改善方法、対策で思いつくものがあれば
挙げてください。

も納得して、現場で課題に取り組んでもらえると思います。
このあとも、このような形でワークに取り組んでいただきますので、まずは1つひとつ進めてみてください。

コミュニケーションを増やしてリピート客に変える仕掛け

パティスリー・ガレットのオーナー久保さんは、さらなる取り組みを実行していきました。「お客様に不便をかけない」の次は、**接客でお客様とどうコミュニケーションをとっていくか**ということです。

次のミーティングでは「ガレットでは、お客様とのコミュニケーションはどこでとりますか?」という課題をスタッフに投げかけました。すると、コミュニケーションの場はいくつもありました（次ページ参照。35ページワーク２）。

・入店時
・ケーキを選んでいる時
・洋菓子セット、進物箱を迷っている時
・レジ前（レジ精算時）
・サービス時
・お見送り時

そして、どの場面でお客様とコミュニケーションをとることができるのか、スタッフから意見を集めました。

そのあとで、サービス時にどんなコミュニケーションができるのかを考えました。

そこで、お客様に「おまけ」をしてあげて、そのときにコミュニケーションをとったらどうかと考えました。

実際にどうしたのかというと、「これどうぞ　おまけです」と、商品棚に置い

「パティスリー・ガレット」が
お客様とコミュニケーションをとる場所

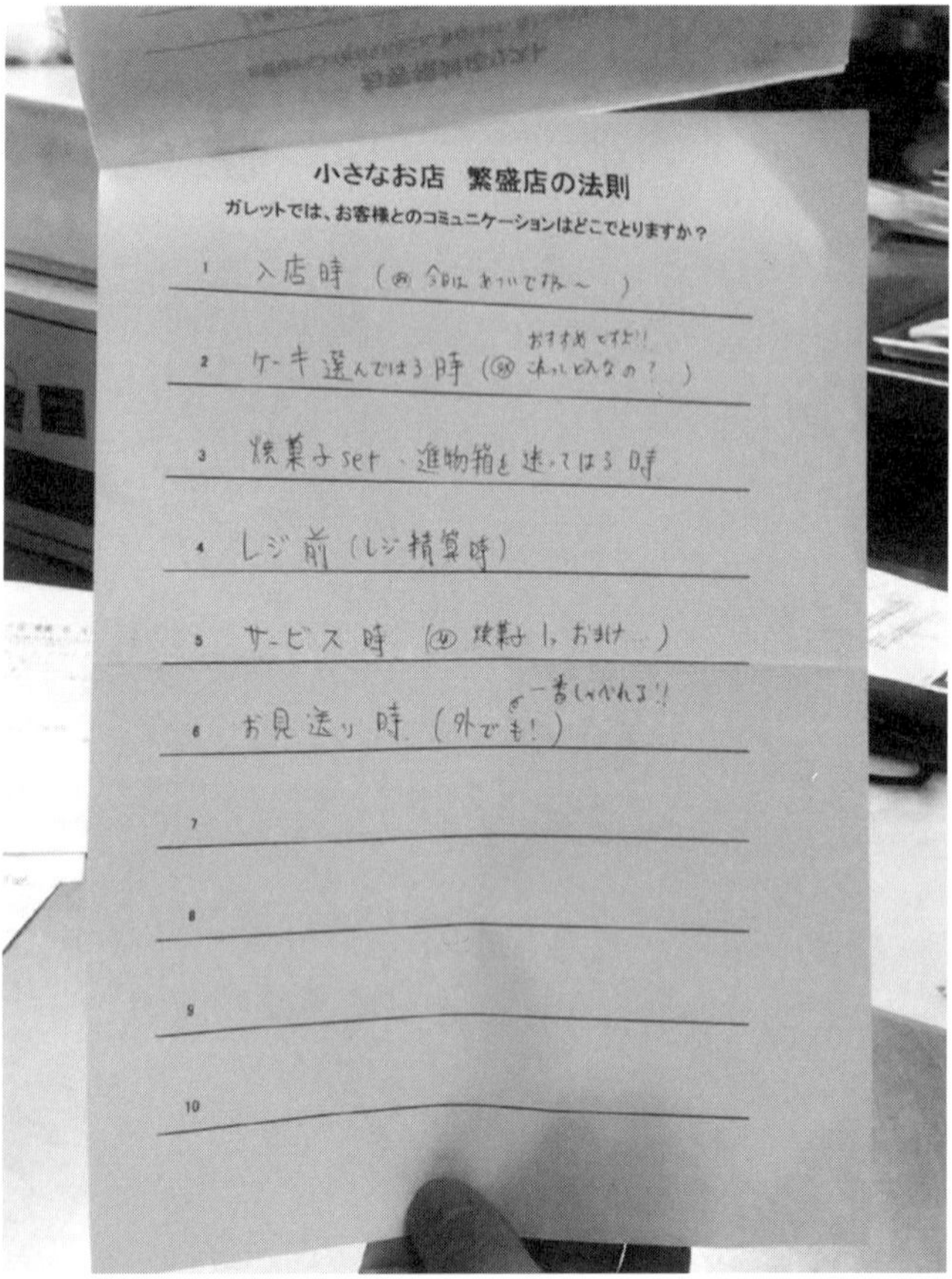

あるスタッフの書いたワーク。実際に現場に立つスタッフのほうが、お客様と一番コミュニケーションをとれる場所を知っている。

ワーク2

あなたのお店や会社では、
お客様とのコミュニケーションはどこでとりますか？

1.

2.

3.

4.

5.

6.

7.

8.

9.

10.

てあるクッキーをプレゼントして試食してもらうことにしたのです。

すると「ありがとうございます」とお客様からお礼の言葉をいただいたり、試食していただいたお客様からは、「バターの香りがいいですね」と会話のきっかけになったりしました。

さらに、商品であるクッキーをそのままおまけにするのですから、びっくりする方もいました。


スタッフみんなの意見もあり、接客はお客様と「とことんつき合う」ことを考えるようになりました。そして、出された意見に対して取り組みを始めました。

スタッフは余裕ができるとカウンターから飛び出して、お客様とおしゃべりしたり、店の外までお見送りに出て立ち話など始めました。スタッフにとっても「私のお客様ができた」という感覚が芽生えたようです。

笑顔になって帰られるのが実感できます。スタッフにとっても「私のお客様ができた」という感覚が芽生えたようです。


これまで、「きちんと接客をしましょう」と話し方や対応など基本的なことはスタッフに伝えてきました。しかし、それはカタチだけで、「本当にお客様が喜んでくれているのか？」という視点が、スタッフにも私にもなかったのです。

まずは、お客様対応でナンバーワンを目指そう！

「お客様は喜んでくれているだろうか？」

このキーワードは「何のために接客をしているのか？」という目的と一歩先、二歩先を考える行動につながっています。

「この取り組みを始めて数カ月ほどするとお店のリピート客が増えていました。またスタッフがやる気を出して働いてくれるようになりました」と、オーナーの久保さんは手応えを感じたと言います。

この取り組みは、お客様が喜んでスタッフが成長してお店も儲かる仕組みです。

まさに繁盛店へのステップです。

では、パティスリー・ガレットの繁盛店のステップをまとめてみましょう。

1．スタッフ全員で繁盛店の法則を回覧する（目的テーマの共有）。
2．ワークシートに考えやアイディアを書いてもらう（課題を明確にする）。
3．1週間後、ワークシートを回収する（意見を集める）。
4．各スタッフのワークシートを1つにまとめる（集約する）。
5．みんなで話し合い、お客様の立場で優先順位の高いものを選ぶ。
6．実行する。
7．振り返る。

このように、「お客様は喜んでくれているだろうか？」という目的をはっきりさせて、スタッフの考えや意見をどんどん現場に取り入れると、スタッフの意識や動きが変わっていきます。

パティスリー・ガレット——明るく元気なこのお店は、いままでは地域で愛され続ける洋菓子店です。

――お客様対応でナンバーワンになる！

より多くのお客様から選ばれる店づくり、会社づくりをするためには、スタッフのお客様対応のレベルを高めることが優先度の高い取り組みとなります。

このレベルを高めるのに特別な資金は必要なく、いまのチームで即実行できるので、小さなお店や小さな会社は、お客様対応のレベルを高めることから始めていくと業績は良くなっていきます。

お客様対応をより良くするためには、お客様に不便をかけたり、二度手間をかけたり、イヤな思いをさせたりしてお客様から嫌われてしまっては、すべてのことが台なしです。

お客様から見て、どのようなところに不便をかけているのか？

あなたもお客様と直接接触するところを総点検することから始めましょう（次ページワーク3）。

ワーク3

お客様に不便をかけていること

お客様に不便をかけていることは何ですか？
みんなで考えてみましょう。

1.

2.

3.

4.

5.

6.

7.

8.

9.

10.

「お客様に覚えてもらい好きになってもらう」という仕掛け

埼玉県秩父市に葬儀会社「むさしの」という会社があります。

1999年創業で従業員55名（パート含む）。

地域には古くから農協（JA）をはじめ多数の葬儀会社がありますが、むさしのは後発組でありながら着実に地域の信頼を集めています。

その取り組みの1つに業務改善会議があります。高橋常務が業務改善について語ってくれました。

リーダーが会議で、スタッフに「お客様に不便をかけているところはどこだ？」と聞きました。すると、現場スタッフから次々と意見が出ました。

その1つが「葬儀会場に隣接している駐車場は車を停める台数が少ない」というものでした。これは、ある女性のお客様の声でした。

「1台あたりの駐車スペースが狭いので車が停めにくい」

「少し離れたところにある第2駐車場から葬儀会場まで雨の日は不便だ」

「ドアが手動で車椅子《いす》のお客様だと不便である」

「競合会社は、お茶やコーヒーの自動販売機があり、すべて無料で飲み放題になっている」などなど。

そこで「スタッフ全員で何ができるのか?」と対策を考えました。

まず、現状から把握しました。
・駐車場に停める台数が少ないのはどうしようもない。
・競合会社は広いスペースが確保されているので、専任の駐車場係はいない。
ここから、お金をかけずに自分たちができることを考えました。

「私たちは専任の駐車場係がいるので、女性ドライバーでも車を停めやすいように、より大きな動きで優しく車を誘導しよう」

「雨の日は第2駐車場のお客様の車まで傘を持ってお迎えしよう。そして、会場まで『今日は大変でしたね』など、お客様とコミュニケーションをとろう」

「手動ドアが不便ならお客様の動きを先読みして、私たちがドアを開けて『お気をつけてくださいね』とひと声かけよう」

「『お茶はいかがですか？』とドリンクメニューを持って、お客様1人ひとりに声をかけよう」

以上のことを話し合って決めました。


お客様の不便を解消するため全社員で取り組んでいったのです。

徹底した取り組みの結果、「むさしのさんに、とても親切にしてもらった」「傘がうれしかった」など、お客様の喜びの声を以前よりもたくさんいただき「評判の良い会社だ」と口コミになりました。

高橋常務は「『駐車場が遠い』とか『ドアが手動』など、お客様にとってマイナスだと考えられていた要因が、実はお客様とのコミュニケーションをつくる場となることに気がつきました」と、手応えを感じていると言います。

現在、葬儀会社むさしのは、地域で1番に選ばれる会社になっています。

お客様対応は、3段階に分けて考える

お客様対応には3つの段階があります。

第1段階は、お客様と**「直接接触するところ」**を総点検し、**「お客様に不便をかけている」**ところ、あるいはお客様に**「二度手間をかけているところ」**を見つけ出してこれを直す。

第2段階は、**「お客様に役立つこと」「喜ばれること」**を考えて実行に移す。

第3段階は、これらに磨きをかけて、**「お客様対応で地元ナンバーワンを目指すこと」**になります。

誰もが日々、お客様の立場を体験しています。

商品を買う立場だとサービスや店員の対応、言葉遣いなど、敏感に感じるものなのです。いざ自分がお店や会社で販売する立場になると、お客様の立場であったときほど敏感に感じ取れないのが事実です。

ですから、私たちが「お客様に不便をかけているところはどこですか？」といっても意見や考えがそれほど多く集まりません。自分の欠点はよくわからないが他人の欠点はよくわかります。

そこで「あなたのお店や会社が、お客様に不便をかけていること」を3段階に分けて思考することで解決の糸口をつかむことができるのです。

◆第1段階　お客様の立場で考える

「あなたがこれまで買い物をしていて、イヤだなぁと思った体験を話してもらえませんか？」

「こんなお店にはもう二度と行きたくないと思った経験はありませんか？」

以上のように、全員が買い物で体験したことを思い出して意見を出し合うのです。

50項目くらいはすぐに出てきます。

◆第2段階　自社の立場で思考する

「私たちのお店や会社でそのようなことはなかったでしょうか？」と最初の質問で出てきた項目の1つひとつに対して、このような質問を投げかけるのです。自分たちのお店や会社を客観的に見直すきっかけを得ることになります。

◆第3段階　お客様に不便をかけているところを見つける

第1、第2段階の意見をヒントに、自社の取り組みを改善していくのです。お金をかけずにすぐにできることから対応していきます。毎年1回でもこうした場を設ければ、ぐんぐん現場が改善されます。

リピート客を多くして業績を良くするためには、お客様にあなたのお店、会社を好きになってもらう必要があります。しかしその前に、お客様から嫌われないようにすることが優先されます。

「お客様視点」と言うけれど、実は原則がある

小さなお店や小さな会社の利益性が思わしくない原因を考えると、実はいくつもあります。

その大きな要因の1つは、お店や会社の経営のやり方を間違えていることです。経営のやり方を間違えていると、スタッフ全員が間違った方法で取り組むことになるのでこれは大変なことです。

いくら頑張って努力したところで間違った方法ですから、会社の業績は良くなりません。

小さなお店や小さな会社の多くは、競争条件の不利な厳しい環境のなかにあるからこそ、正しい経営のやり方である「原理原則」を理解して取り組まなければなりません。

お客様中心で経営を考えると、とてもシンプルでわかりやすくなります。

「売上げが下がった」とか「商品が売れない」というのは、あなたのお店や会社を視

点とした考え方です。

「売上げが下がった」という言葉の主語は、あなたのお店や会社を指しています。

「商品が売れない」という言葉の主語も、あなたのお店や会社の現状を表しています。

あなたのお店や会社からの視点で物事を考えたり、取り組んだりすると、「売上げを上げるため、または商品を買ってもらうために20％ディスカウントしてはどうか？」といった安易な間違った取り組みをしてしまうのです。

そこにはお客様が不在で、自分たちのお店や会社にとって簡単なアイディアばかりになってしまうのです。

つまり、お客様不在の経営です。

先ほどもお伝えしたように、正しい経営の「原理原則」があります。ですから、すべてお客様視点で物事を考えなければなりません。

それには良い方法があります。

主語となる言葉を換えてみると、自分たち視点からお客様視点に変わります。

「お客様が私たちのお店や会社を選んでくれたのは、なぜだろう？」
「お客様はなぜずっと店に通ってきてくれるのだろう？」
と、主語をお客様に変えて考えるのです。

お客様に選ばれる仕掛けづくりが、本当の「お客様視点」

お客様が私たちのお店や会社を選んでくれた結果、売上げとなり利益が出る。
お客様が私たちのお店や会社ではなく、ほかのお店や会社を選んだ結果、売上げが落ちる。

お客様は「どこのお店から買うのか？」を絶えず選んでいます。

そう。

「お客様は選んでいる」のです。

経営をより良くするためには、こうしたお客様視点の考え方から始めてみるといいのです。

・どのような理由で、お客様は私たちのお店や会社を選んでくれたのか？
・お客様は他店・他社との違いをどこに感じているのか？
・お客様は何を求めて商品を買ってくれたのか？

その理由を考えることが何より大切です。

それが「お客様視点」となるのです。

お客様の立場に立って考えるところに経営改善のヒントが潜《ひそ》んでいるのです。

あなたのお店や会社がお客様に選ばれる理由をしっかりつかみ、よりお客様が増えるお店づくりや会社づくりの仕組みをつくっていきましょう。

お客様があなたのお店を選んでいる理由は何ですか？

10個リストアップしてみよう（次ページワーク4）。

ワーク４

お客様に選ばれている理由

あなたのお店や会社がお客様に選ばれている理由は何ですか？

1.

2.

3.

4.

5.

6.

7.

8.

9.

10.

お店や会社には、商品を買う決定権は0％

お店の利益はお客様からしか生まれません。
ですから、経営の目的はお客様づくりとなります。
お客様をどのように増やしていくかが、経営そのものなのです。

・**商品を買うかどうか？**
・**どこのお店・会社から買うのか？**
・**誰から買うのか？**

すべての決定権は「お客様が100％」持っていて、「売る側は0％」なのです。
お客様がすべてを決めているのです。
これはお店や会社を経営するうえで**「絶対原則」**です。

例外はありません。

すべての決定権を持っているお客様から商品を買ってもらうには、商品を買うときにどこのお店や会社よりも便利であり、またどこのお店や会社よりも親切であり、お客様に喜んでもらうことを考えて取り組んでいくと、お客様から好きになってもらえて、人間関係も良くなります。

こうしたことから一度商品を買ってくれたお客様が、継続して商品を買ってくれるようになれば、それは新しいお客様を見つけたことと同じになるのです。

お客様との関係づくりがより良くなると、お客様がＳＮＳやブログなどネットを通じて紹介をしてくれたり、友人や知り合いにお店や会社のことをすすめてくれたりするようになるので、広告の費用負担がなくなり利益性は格段に良くなります。

つまり、お客様があなたのお店や会社のサポーターとなって一緒に応援してくれるのです。

サポーターが増えれば、新しいお客様を見つけるための費用をあまり使わずに商品が売れますから、利益性は当然良くなります。

新規顧客を見つけるのは、多くのお金がかかる

お客様を見つけるのにお金がかかる。

食品加工に関わる工業用部品をネット通販している会社の社長が、「ネット広告は月額１００万円ほど使っています。うちのような小さな会社は、お客様を見つけるためには、ある程度まで、どうしても広告に頼らなければなりません」と話してくれました。

社長を合わせて、５人の小さな会社の話です。

知り合いの工務店経営者は「いくら機能性の良い家をつくっていても、いくら信用があると伝えても、たくさんの人の目に触れ、体感してもらわなければ、けっして十分にお客様を引きつけることはできません」と、年間数千万円の費用を投入して地域

の総合住宅展示場にモデルハウスをつくりました。

モデルハウスの維持費用も、年間数千万円必要だと言います。

インターネット検索で上位掲載の位置をキープするのも、高い家賃を払って住宅展示場に出店するのも、駅前などの立地条件が良いところに店を構えるのも、お客様を見つけやすいからです。

1人のお客様を見つけるのに、実に多くの費用を使っています。

しかし、すべてがうまくいくわけではありません。

広告効果はやり方で大差が生まれるからです。

当たりか！

外れか！

新しいお客様を見つけるために、当たりくじを引くような商売のやり方を続けていると、やがて会社は疲弊してしまいます。

だからこそ、小さな会社はお金をかけずに、
お客様に知ってもらい、
お客様に好きになってもらい、
お客様に広告してもらい、
そして、商売は繁盛していくのです。

新規顧客が増えたところで商売は繁盛しない！

ある日のことです。研修を終えたあとに、お客様が「寿司を食べに行きませんか？」と誘ってくれました。

駅から歩いて10分程度で、カウンターに10名、座敷が3つほどある小さな寿司屋でした。

お店に専用の駐車場はなく、店の前には数台の自転車が置いてありました。

地元の人が利用しているお店だと感じました。


その後、何度か個人でこのお寿司屋さんへ行きました。

ある日、隣に座った人が「生ビールください」と言ったあと、「コレ」と言って小さな紙を出しました。小さな紙は割引クーポンで「新規来店のお客様に生ビール1杯無料」と書いてありました。

駅前で配られている地元のタウン誌で見つけたと言っていました。

私はこれまで何度かお店に来ていますが、一度も「生ビール1杯プレゼントします」と声をかけられたこともなく、そんなクーポンがあったことも知りませんでした。

お店の事情はいろいろあると思いますが、私は良い気持ちにはなれませんでした。

その後もずっと「新規来店のお客様に生ビール1杯プレゼント」とタウン誌に掲載している店主の考えに、お客の立場として違和感を覚えました。


不公平感が一番悪い。

新規顧客だけを優遇するような不公平な商売のやり方では、お客様の信用を失ってしまうことにもなりかねません。

新規客を増やすことに躍起《やっき》になり、リピート客の対応が手薄になっているお店や会社に頻繁に出くわします。とても残念なことです。

新規客とリピート客への不公平な対応が、お店や会社の信頼をなくしていることに気がついていません。

クーポンで喜ぶお客様と、失うお客様がいることを知らなければなりません。

不公平感が店の信用を一番に失っているのです。

第2章

お金はかからない！
いままで忘れていた
リピート客を探し出す仕掛け

お客様の興味を知るだけで、さまざまな仕掛けが生まれる

商売で大切なことは、実はお客様に買ってもらったあとです。

数年前に、あるセミナーで紅茶専門店を運営するネットショップのオーナーと出会いました。彼は学生で起業し成功していました。

紅茶葉の商材にこだわりがあり、写真や文章などキャッチコピーのつくり方が上手で売上げを伸ばしていたのです。

彼のこだわりは、自らインドやスリランカへ赴き、現地で紅茶の葉を買いつけしていることでした。

その様子をリアルタイムでブログにアップしていました。

彼が仕入れた紅茶の葉は「ネットショップに掲載すると、すぐに売り切れる」と評判になり、その繁盛ぶりはネットショップの成功事例として販促関連の雑誌や集客ノウハウセミナーなどで紹介されていました。

ある日、その彼と食事をしていたときのことです。

「いろいろな人がネットショップの集客ノウハウを聞かせてほしいと言うのですが、実はそこじゃないのですよ」

彼は大きなリュックからガサガサとノートパソコンを取り出して、「実はこれなんです」と、1つのファイルを開きました。

お客様の名前や連絡先、趣味や好みなどの項目があり、たくさんの文字で埋められていました。それは顧客情報でした。

「僕はネットショップでキャッチコピーや商材の絞り込みで成功しているように思われているけれど、それだけではないのです。『初めてお客様に買ってもらうためには何をすればいいのか？』『何度もお客様にリピート購入してもらうためにはどうすればいいのか？』といろいろな方法を試してみたのです。

そうした積み重ねのなかで、一番に相性が良かった方法をいまも継続しているのです。それがハガキなのです」と話してくれました。

私は彼がネットをガンガン使いこなしている印象を持っていたので、「ハガキってどういうこと？」と聞くと、こう答えてくれました。

「仕入れで海外に出たときは、必ず現地からお客様に絵ハガキを送っています。1人旅で夜はたくさん時間があるから、1人ひとりメッセージを添えて送っています。

現地からエアーメールを送ると、お客様はとっても喜んでくれるのです」

この紅茶専門店は、早い段階で商品が完売します。

また、紅茶の予約メールもたくさん届いていました。

売上げを上げるための安易な値引き販売やバーゲンセールは、これまで買ってくださったお客様から信頼を失うことになりかねません。

また、販売価格を引き下げることで体力を疲弊させることにもつながります。

では、小さなお店や小さな会社がお客様に好かれるためには、どのようなことを行えば良いのでしょうか？

それには**「お客様、1人ひとりがどのようなことに興味や関心を持っているのかを知り、対応すること」**です。


人は自分に興味関心を示してくれる人を好きになるのです。


これは、より良い人間関係をつくる「原理原則」です。

常にお客様の関心はどこにあるのかを理解するように行動しましょう（次ページワーク5）。そうすることで、お客様に好かれあなたのお店や会社に対する信頼度も高まるのです。

人の情感は、不況だからといって変わるものではありません。

ワーク5

お客様に喜んでいただくためには、お客様情報が必要です。

お客様情報を集めるために
どのような取り組みをしますか?

お客様の購入後が、実はリピート客を生み出すチャンス

私の会社では、２０１３年から毎年、お客様と一緒に海外の企業視察や研修を行っています。

海外の企業視察へ行くためのフライトやホテルの手配は、近隣に新しくできた旅行代理店にお願いしています。

近くて便利なことから、何かあってもすぐに相談できると思い、窓口に相談しにうかがったのがきっかけでした。

海外視察の研修費用は参加者の数により異なりますが、数百万円程度の金額を旅行代理店の銀行口座へ送金しています。

あるとき、ふと思ったのです。

この旅行代理店が取り扱う商品のなかでは少ない額かもしれませんが、数百万円の

お金を送金しているにもかかわらず「お礼のハガキ・電話」が一度もないことに気づきました。そこで普通の会社はどれくらい「お礼のハガキ」を出しているのだろうかと思い、お礼状の実態について調べてみました。

私のセミナーに参加してくださった方々から直接記入いただき、回収しました。

◆お礼状の実体調査の結果

①スーツやコートを買って、お店の方から心のこもったお礼状はきましたか？
——YES・NO

②海外へ旅行したあと、旅行代理店から手書きのお礼状はきましたか？
——YES・NO

③家族のお祝いで予約したレストランから、お礼状をもらったことはありますか？
——YES・NO

④お祝いの花を届けてほしいと1万円以上の注文をして、手書きのお礼状はきましたか？
——YES・NO

⑤誕生日ケーキを予約注文して、「ありがとうございます」とお礼状はきましたか？
——YES・NO

⑥ネットショップで1万円以上の買い物をして、手書きハガキはきましたか？
——YES・NO

⑦懇親会で居酒屋を利用し3万円以上の支払いをしたとき、手書きのお礼状は届きましたか？
——YES・NO

⑧生命保険に加入したとき、営業パーソンから心のこもったお礼状は届きましたか？
——YES・NO

⑨車を整備や車検に出したとき、整備会社から心のこもった手書きのお礼状は届きましたか？
——YES・NO

⑩美容室やサロンから心のこもった手書きのお礼状は届きましたか？
——YES・NO

⑪メガネを購入したとき、担当者から手書きのお礼状は届きましたか？
——YES・NO

①スーツやコートを買ってお礼状が届いた人……19・6%
②旅行代理店からお礼状が届いた人……9・0%
③家族のお祝いをしたレストランからお礼状が届いた人……18・2%
④お花を注文してお礼状が届いた人……5・0%
⑤誕生日ケーキを予約注文してお礼状が届いた人……6・1%
⑥買い物をしてネットショップからお礼状が届いた人……16・1%
⑦懇親会で居酒屋を利用してお礼状が届いた人……2・4%
⑧生命保険に加入して営業パーソンからお礼状が届いた人……17・4%
⑨車を整備や車検に出して整備会社からお礼状が届いた人……11・0%
⑩美容室やサロンからお礼状が届いた人……13・2%
⑪メガネを購入して担当者からお礼状が届いた人……5・0%

これが現実です。

平均すると11％でした。

つまり、１００社中11社は、お礼のハガキを出していましたが、残り89社はお客様に商品を購入いただいても、送金を受けても何のアクションも起こしていないのが実態なのです。

キャンペーン！

試し価格半額！

初回30％オフ！

どのお店も会社も購入前のアプローチは熱心ですが、購入後のフォローを大切に考えて取り組んでいるところは11％程度なのです。

他社商品と差別化しにくく、競争が激しい業界の場合、とくに購入後のフォローで差別化すればまだまだ可能性があるのです。

苦戦が続いているお店や会社、「リピート率が低い」とか「再来店率が悪い」、ましてや「紹介が少ない」というお店や会社は、お客様に商品を買ってもらったら、お礼状を出せるような仕組みをつくることから始めてみると良いでしょう。

地道な取り組みではありますが、お客様に継続して定期的なコミュニケーションを増やしていくと、お客様が「どこか紹介してもらえませんか？」「良いお店を知りませんか？」と、親しい人や知人に尋ねられたときに、一番にあなたのお店や会社を思い出して名前を挙げてもらえるチャンスがやってくるのです。

継続しているお店や会社だけが成果を享受《きょうじゅ》しているのです。

お礼ハガキを仕組み化して リピート客につなげる仕掛け

創業１９０７年、１００年企業の「植垣米菓」の植垣智博専務は、直営店のおかき販売店「神戸みなとや」でお礼状を仕組みにして再来店率を高め、業績を伸ばしています。

おかき販売店のみなとやでは、3000円以上購入してくださったお客様にかぎり、「割れおかきなど特別販売の情報やお得なご案内をお客様へお届けしています」といってお客様登録会員カードをおすすめし、名前と住所を教えてもらっています。会員登録してくださったお客様には、お得な情報はもちろんですが、感謝の気持ちとプライベートなひと言を添えた手書きのお礼状ハガキを継続的に送付して、業績を伸ばしています。

その仕組みは以下のようになっています。

◆お客様情報をメモに残す

お店では登録カードを記入していただくときに、ある質問をしてお客様情報をメモに残しています。たとえば、

「今日は遠いところわざわざありがとうございます。お車でお越しですか？」

「この商品をお買い求めいただいた理由などありましたら、お聞かせいただけませんか？」

といった質問をするのです。

お客様からは「孫に会いに行くため」「お見舞いに」といった、お店に来ていただいた理由を聞いています。そのときの会話をメモし、あとでお客様情報として記録しています。

◆ハガキにコメントを添える

お礼状ハガキには、お客様に合わせた個別のコメントを書き添えています。

実はこのコメントがお客様に喜ばれています。ひと手間かけることで「わざわざありがとう」と、逆にお客様からお礼状をいただくことも少なくありません。

ひと言を添えることで、お客様の記憶に強く印象を残すことができるのもハガキの効果です。

◆継続的に届く仕組みづくり

継続的なコミュニケーションを行うことでお客様との関係づくりができます。

そこで忘れられないうちに4回分のハガキを書いて保存しておいて、期日が来たら送付できる仕組みにしています（次ページ参照）。

たとえば、こんな感じです。

お客様に商品を買ってもらった翌日にお礼状を出す。

その後、3週間後、2カ月後、3カ月後と続けて手書きのハガキを送るようにしています。これは、7月のお中元や11月のお歳暮のパンフレットなどのDM発送の前に手書きハガキが届くタイミングにもなっています。

こうした取り組みを1年間続けた結果、ご進物やお中元、お歳暮などをお買い求めになるお客様が前年対比で120％アップしました。


会社のなかで本当に価値のある仕事は「お客様づくり」の取り組みです。

とくに小さなお店や小さな会社は、経理を担当している人も販売担当の人も、仕入れや流通担当の人も、全員でお客様づくりに取り組まなければなりません。あなたもお礼のハガキの仕組みを考えてみましょう（75ページワーク6）。

継続するためには仕組みが必要なのです。

おかき販売店「神戸みなとや」では、継続的にお礼ハガキが届く

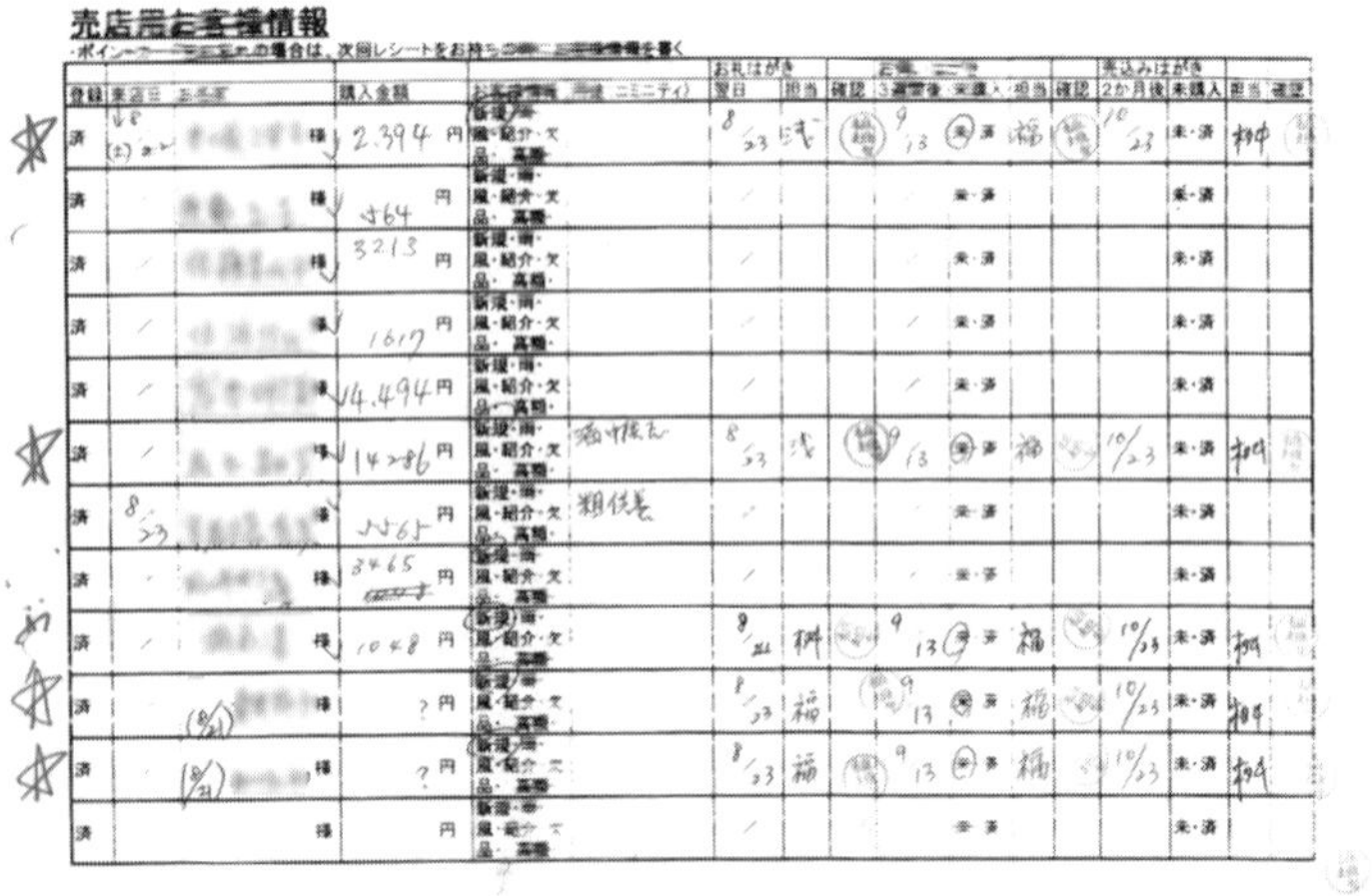

「売店用お客様情報」のなかに、すでにお礼ハガキを出す日程が組み込まれており、自動的にお礼ハガキが送られる仕掛けとなっている。

ワーク6

お礼のハガキの仕組み

内容	どんなとき	いつ	どのような手段で

ゴミ箱に捨てていた受注記録からリピート客を増やす仕掛け

「この地域は不況だ、人の動きがない」

「近隣に同業のお店が多くて競争が激しい」

このように、お店や会社の売上げが思うようにならないことを嘆《なげ》く人がいますが、よくよく話を聞いてみると、やるべきことをやっていないお店や会社が多いというのが現実です。

その結果、お客様から忘れられ、ライバル店（会社）との競争に負けて、業績が悪くなっているというのが真実ではないかと思います。

国産小麦100％のパンづくりをしている、1988年創業の「プロムナード」というパン屋さんがあります。

プロムナードは、兵庫県姫路市辻井のヤマダストアー新辻井店内に本店、広畑区のヤマダストアー青山店内の青山店、そして姫路駅前の山陽百貨店Ｂ１の姫路駅前店の3店舗を運営しています。

オーナーの前田さんは、それまでゴミ箱に捨てていた受注記録を使って、リピート客を増やしています。

プロムナード青山店チーフの俣木さんが、その取り組みを語ってくれました。


これまでは、大口予約の注文が入ったとき、注文内容を記載した予約表は、お客様へ受け渡しが終わればゴミ箱へ捨てていました。

予約表にはお客様名／電話番号／住所／お渡し日時／時間／商品／数量／金額」などを記入していました。

佐藤先生が主催する「あきない実践道場」で学んでみて、予約表はお客様情報で宝の山であることを知り、これは非常にもったいないことをしていたと気づきました。それからは、ゴミ箱へ捨てていた予約表をファイルに入れて管理するように決めました。

ファイルには、いつの注文なのかすぐにわかるようにタグをつけて、月別に管理を始めました。

お客様の情報を集めるために、予約表に書く内容も工夫をしました。

お客様の名前／電話番号／住所／ご注文内容などの基本的な情報だけではなく、「なぜ大口の注文をしてくれたのか？」「どのようなイベントで注文してくれたのか？」など、その経緯や用途を直接お客様に聞くようにして情報を集めました。

お客様からは「サッカーチームの歓送迎会」や「幼稚園の卒業パーティー」「異業種交流会のオードブル」といった具合に、さまざまな用途で大口注文を予約いただいていたことを知りました。

その情報を予約表の最後に記録して残すようにしました。

またこれまでは、お客様にお礼のハガキを書くことはありませんでした。

お礼のハガキを出すことは良いことだとは思っていました。

しかし、誰に何を書けばいいのかわからないし、どのようなタイミングで書けばいいのかもつかめていませんでした。

今回、どんな用途で注文をもらったのか、お客様から情報をいただくことができたので、ハガキを書くきっかけになりました。

後日、予約注文をいただいたお客様に、「サッカーの歓送迎会でご注文をいただきありがとうございます」と、ひと言コメントを添えてお礼のハガキを書きました。

また、お店にお越しいただいたときは「たくさんのご注文をいただきありがとうございます」と、直接お客様に声をかけるように心がけました。

さらに、しばらくたってから、「先日はありがとうございました。サッカーの歓送迎会はいかがでしたか？」と、これもまた、ひと言コメントを添えて感謝のハガキを書きました。

すると、お客様から連絡があっ

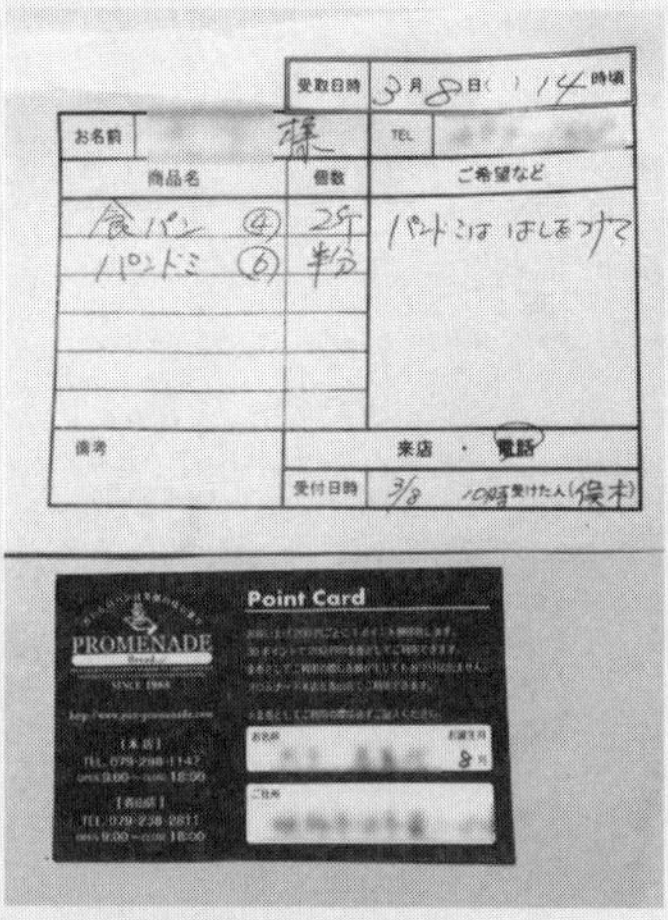

予約表にお客様情報を記入し、同時にポイントカードも発行して活用している。

て「ありがとう。こんなに丁寧に対応してもらったのは初めてです」と、とても喜んでいただけました。

そしてある日、同じお客様から「違うイベントなのですが、サンドウッチオードブルを届けてほしい」と予約注文をいただきました。

お客様にありがとうと感謝の気持ちを伝えることで、２度目の予約注文をいただけたことに驚きました。

ゴミ箱に捨てていた予約記録が宝の山だったことに気づかされました。


俣木さんは、「今後は大口の予約注文をいただいたお客様の記録を使ってやりたいことがあるのです。

たとえば、先ほどのお客様の場合であれば、来年のサッカーの歓送迎会がありそうな時期を見計らい『昨年はありがとうございました』と先駆けてお礼のハガキを出そうと考えています」と、お客様情報を使って未来の売上げづくりも計画しています。

安く売ることがお客様に喜んでもらえることだとは限らないのです。

バーゲンセールは、お客様を がっかりさせる信頼ダウンの仕掛け

「感謝の気持ちを態度で表す」ということの意味を良く理解できない人のなかには、商品を値引きすることがお客様への感謝だと思っている人や、お客様に無料のプレゼントをすることが感謝の気持ちだと考える人が少なからず出てきます。

商品を値引きして安売りすれば、確かにお客様は喜んでくれるかもしれませんが、その限度を理解しておかなければ赤字経営になり倒産してしまいます。

お店や会社はお客様から買っていただいた商品や有料のサービスで、一定の利益を確保しなければ経営を続けていくことはできません。

また、仕入れ先に無理なコスト削減を要求して、安売りに走ったところで良い状態で経営ができているとは考えられません。

さらに安易な値引きは、一部のお客様には喜んでもらえているかもしれませんが、

これまでに買っていただいたお客様からの信用を失っていることもあるということを忘れてはなりません。


先日、こんな体験をしました。

研修会場へ向かって、急ぎ足で歩いていたら、あるスーツのお店が目にとまりました。ちょうど「コートが欲しいなぁ」と思っていたので、ディスプレイを見ました。

そのとき、足もとの看板が目に入りました。

「バーゲンしないからこの価格」と書いていました。

このお店は商品やサービスに対して「自信を持っている」と感じました。

そこで女性の店員さんに「なぜバーゲンをしないのですか？」と聞きました。

彼女は両手を前にそろえて、「はいっ！　この業界はバーゲンを前提に商品価格を設定しています。通常の販売価格を高めに設定してバーゲンで値引きをしても採算がとれるようにしてあるのです」と教えてくれました。

そうしたことが業界では前提となっているとは知りませんでした。

店員さんは、「ですので、当店ではバーゲンは行わず、いつでもお手軽な価格で購入いただけるようにしているのです。もちろん商品の品質も自信を持っておすすめできます」と笑顔で話してくれました。

後日、愛知県に数店舗、お店を展開しているアパレル会社で、お客様の満足度調査を行いました。

その結果を集計してみると、「Aランクのお客様はバーゲンを望んでいない」という声が多く出てきました。

数カ月後、この会社でバーゲンをする店舗とバーゲンをしない店舗を選び実験をしました（店舗規模や売上げ、利益が同レベルの店舗対象に）。

集計の結果、バーゲンをした店舗の売上げは伸びましたが、にもかかわらず、値引きの影響で利益を伸ばすことはできませんでした。

両店舗を比べてみると、同じ期間の利益額はほぼ変わらないことがわかりました。

そこで社長は「お客様の信頼を得るためにバーゲンはしない！」と決断をしました。

バーゲンセールで喜ぶ人もたくさんいることでしょう。

しかし、バーゲンセールでがっかりしている人も少なからずいるのです。

私もその1人です。

お気に入りで買ったジャケットがバーゲンセールで店頭に並んでいるのを見つけたとき、「仕方ないなぁ」という気持ちと裏切られたという感情を抱いたことは、いまでも忘れられません。


「信頼を得る」と「バーゲンで安売り」どちらを選びますか?


より良いお店にするためには、お客様に満足していただいて、お店もしっかり利益を確保するという、2つのことを同時に成立させるものでなければ商売は健全ではありません。

心のこもった精神的なサービスを実行しても、特別に人件費が多くなることもありませんからお金はかかりませんし、利益を圧迫することもないのです。

お客様の信頼を得るために何ができるのかを考えてみましょう(次ページワーク7)。

ワーク7

お客様の信頼を得る

あなたはお客様の信頼を得るために、
どのような取り組みをしていますか？

第3章

値引き・安売り厳禁！
アイディアひとつで
利益を叩き出す仕掛け

たった3%の値引きで小さなお店や会社はつぶれる

たった3%の値引きで、店が大赤字になってしまうことがあることをあなたは知っていますか?

3%を過小評価してはいけません。

実は、3%の値引きで店が存続するかどうかという生命線になっているからです。

いまからお話しするのは、足し算、引き算で答えを導く計算式です。

簡単な計算ですが、ここに誰も教えてくれなかった重要な「儲けのルール」が存在する公式なのです。

たった5つの数字ですが、あなたのビジネスの現状をリアルに計測できるものなのです。

あなたのビジネス感覚を判断するうえで、財務分析だとか、損益計算表や貸借対照表は必要ありません。

次に挙げる例題をしっかり頭に入れてほしいのです。

この公式を理解することであなたのビジネスは明るい未来へ一歩踏み出していくでしょう。

まずは、あるビジネスモデルを仮定として例にとってみます。

あなたのビジネスをイメージできるようであれば、よりリアル感があると思います。

たった5つの数字を見るだけで利益性をリアルに体感していただけます。

たとえば、

- **売上げ……100％**
- **原価（仕入れ）……75％**
- **粗利益……25％**
- **経費……（粗利の）95％**
- **営業利益……5％**

このような収益モデルのお店や会社があるとします。


売上げは10万円としましょう。

原価（仕入れ値）は7万5０００円となります。

売上げマイナス原価は、引き算で2万5０００円です。


つまり、粗利益は2万5０００円です。


粗利益の２万５０００円から、人件費や店舗賃貸費用、包装資材の費用をはじめ、電気代や消耗品、チラシの販促費用やその他の営業活動費など、さまざまな費用が粗利益から支払われていきます。

そうした費用が95％だとします。

結果、営業利益は５％です。

残ったお金は１２５０円です。


安易な値引きはするな！

100%	売上	100,000円
75%	原価	75,000円
25%	粗利	25,000円
95%	経費	23,750円
5%	利益	1,250円

このお店の収益モデルで、たとえば、3％を値引きして販売したとします。

どうなると思いますか？

計算してみましょう。


10万円から3％を値引きしたので、売上は9万7000円です。

仕入れ先にキャンペーンのたびに値引きを強要するようでは、信用をなくして持続性のある良い商売はできません。

ですから、原価は変わらず7万5000円とします。


3％値引き後は、売上げ（9万7000円）－原価（7万5000円）＝粗利益（2万2000円）。


粗利益が先ほどと比べると3000円減っています。

つまり、粗利益は2万2000円。

経費は先ほどと同じ2万３７５０円。

スタッフに「あなたの給料も３％キャンペーンしてほしい」なんてことはあり得ないし、ガソリンスタンドで「私が値引いた分、燃料代も３％引いてほしい」なんてわけにもいきません。

人件費や店舗賃貸費用、包装資材の費用をはじめ、電気代や消耗品、チラシの販促費用などさまざまな費用も同じに設定した場合、

赤字の確定です！

１７５０円の赤字です。


３％は小さな数字ですが、小さな３％の値引きが業績に大きくインパクトを与えるのです。

安易な値引きはするな！

100%	売上	97,000円
75%	原価	75,000円
25%	粗利	22,000円
95%	経費	23,750円
5%	利益	**-1,750円**

商売の原則を理解していれば、安易に安売りをしてお客様を増やそうという発想はなくなります。安定した商売を築き上げるためには商売の原則を正しく理解しておくことが何より大切なことなのです。

お店や会社で一番経費がかかる仕事は何か？

会社で一番経費のかかる仕事は何だと思われますか？

経理の仕事や商品をつくる仕事、いろいろな仕事がありますが、それらを分類して調べてみると、実は「新しいお客様を見つけて商品を買っていただくまでの活動費用」なのです。

チラシをつくり、折り込み広告を新聞やフリーペーパー、ポスティングなどで地域の家に配布する費用だったり、人の集まる場所に店をつくるのも活動費の一部です。

ＷＥＢやＳＮＳは少ない費用で開設することはできます。しかし、記事を継続的に新しく更新していかなければ、インターネットやスマホで検索したときに、高い位置（検索上位）をキープすることができない可能性が高くなり、お客様からの関心が薄れてしまいます。

つまり、ＷＥＢやＳＮＳで広報する場合、記事を更新するのに人の作業が伴いますから、これらもお客様を見つけるための活動費用となります。

しかし、お客様がお客様を連れてきてくれるとしたらどうでしょう？

一度買ってくれたお客様がお店や会社のことを友だちや知人、会社の上司や部下、兄弟や両親、その家族に紹介してくれれば、どれほど経営が楽になるでしょう。

つまり、お客様の紹介によって、新しいお客様が増えているお店や会社は、評判の良いお店や会社であり、かつ利益性の高い経営を実現することができるのです。

徹底したリピート増客パターンをつくり上げる仕掛け

神戸市三宮の市役所周辺は、多くのオフィスビルが建ち並び、ランチタイムにはたくさんの人でにぎわっていて、飲食店やレストランにとっては競争の激しい地域でもあります。

この地域に次から次へとリピート客を増やしている、評判の良いレストランがあります。

なぜ激戦区にありながらリピート客が増えるのか？　そのわけを店長の森山さんに話してもらいました。

◆顧客接点の不便を見直す

ランチタイムの時間は限られていますから、12時前後にピークを迎えて12時半を過ぎるころから会計をすませようとレジに人が集中します。

レジ担当者は手際よく作業をしなければ、せっかく良いサービスを提供したとしてもお客様の満足度が下がってしまいかねません。

また、複数名で来店したお客様が「1人ひとり、別々に払います」という場合や、「私が払いますから……」「それはダメです。私が払います」と取引先と食事に来られるお客様もあるので、レジの混雑に拍車がかかります。

レジ待ちでお客様をイライラさせてしまっては、せっかくの楽しい時間が台なしになってしまいます。

そこで12時半以降のレジ担当者は2人態勢で対応するようにしました。

これで会計時の混雑はありません。レジ担当者の人員を増やした分、作業に追われず余裕ができました。そこで余裕ができた分、お客様と積極的にコミュニケーションをとるようにしました。

お客様の顔を見ながら会話をすることで、名刺交換の機会も増えました。

その結果、「歓迎会でお店を貸し切りできないか?」といった質問や、「異業種交流会のパーティーに使いたい」といったご要望や予約をいただけるようになりました。

◆「リピート」の仕組みをつくる

ランチタイムでお客様と会話をするシーンは限られます。

その限られた条件のなかで、どのようなコミュニケーションをとるのかで、お客様のリピート率が変わってきます。そこで「スタンプカード」を使い、お客様に喜んでいただけるようなことを考えました。

会計をすませたお客様に、「お1人様、ランチ1回につきスタンプを1つ押させていただいています。スタンプが10個たまった方には、通常250円のランチデザートを翌日から1カ月間、無料でサービスさせていただきます」と伝えました。

実はもともと、デザートはランチとセットにして販売することになっていましたが、それではインパクトがないと思いやり方を変えてみました。

「デザートの1カ月間無料サービスはお得感がある」と、お客様にとても喜んでいただきリピートしてもらえる機会が増えました。

◆「紹介」の仕組みをつくる

スタンプカードは1回の食事に1つスタンプを押すことになっています。

お友だちと一緒にお2人で来ていただいたお客様には「お連れ様の分もスタンプを押しておきますね」と2個のスタンプを押してあげます。

また演技なども交えて「あーっ、すみません、数を間違えてスタンプを押してしまいました」と言って笑い、1つ2つ余分に押しています。演技だとわかっていてもお客様は大変喜んでくれます。

さらにスタンプが10個たまったカードをグループの誰か1人でも持っていれば、グループ全員にランチデザートをプレゼントしました。これにはお客様がびっくりされました。

ある男性サラリーマンは「俺と一緒にランチに行けばケーキが無料でもらえるぞ」と部下を誘って来店してくれました。

カード1枚の簡単なツールではありますが、少しやり方を工夫するだけでお客様とのコミュニケーションが増えて、お客様に喜ばれて、お客様がお客様を連れて来てくれる良い仕組みになっています。

このレストランのように、スタンプカードやポイントカードでリピート客を集める仕組みをつくっているお店も数多くあるでしょう。

しかし、こうした仕掛けのポイントは、お客様とのコミュニケーションを多くとり、そのなかで、お客様に喜んでもらえる仕掛けとして「スタンプカード」を使っているのです。

このレストランが行っている「1回きりのお客様をリピート客に変える仕掛け」とは、次のような仕組みなのです。

・「どうしたらお客様に不便をかけないか」（ランチタイム時のレジ2人態勢）
・「どうしたらお客様に喜んでもらえるか」（もともとランチメニューでは一緒についていたデザート1カ月間の無料サービスのスタンプカード）

・「どうしたらお客様に忘れられないようにするか」（コミュニケーションをとる）
・「どうしたらお客様がお客様を連れて来てくれるか」（スタンプがたまったら、お連れのお客様にも全員サービス）

やはり出発点は「お客様に不便をかけない」ことから仕組みが生まれています。

さらに、むやみな値引きではなく、もともとランチメニューについていたデザートを切り離して、それをリピートの仕組みに変えたことです。

まさに、オーナーの見事なアイディアと言えるでしょう。

第4章

クレームを見過ごすな！お客様の声をリスト化する仕掛け

お客様のクレームはチャンス。ファンに変えてしまう仕掛け

「クレームはチャンス」という言葉を、あなたもどこかで聞いたことがあると思います。誠心誠意対応すればお客様は納得して、もしかしたらお得意様に変わることがあるかもしれません。

クレームが起きたときにどのように対処するのか、また同じクレームを繰り返さないようにするのか、クレーム客がリピート客に変わる仕組みとして、日ごろから取り組んでおかなければなりません。

クレーム対応で、私が印象的だったことがあります。

ある中堅の建築会社の営業マンに、「他社と差別化するためには、あなたの会社が選ばれている理由を直接お客様に聞くといいですよ。会社の強みをあらためて理解ができるし、あなたとお客様との信頼度がより強くなりますよ」とアドバイスしたこと

がありました。

そのときに営業マンは、「住宅産業はクレーム産業と言われていて、お客様のところへうかがうと必ずクレームが出るのですよ。ですから、お客様から連絡をいただくことがないかぎり極力お客様のところへ訪問しないようにしています」と言って、お客様の取材を行いませんでした。

一方、地域密着で評判が良く、紹介の多いリフォーム会社では「具合はどうですか？　お困りごとはないですか？」と担当者が2カ月に一度、定期的にお客様を訪問しています。

この会社では「買っていただいてからが勝負だ！」と、お客様の声に耳を傾け積極的にクレーム対応に取り組んでいます。

その結果、地域のお客様から信頼を得て、工事のリピートや紹介が増えて繁盛店になっています。

お店で販売活動をしていると、お客様からさまざまなカタチでクレームが出てきます。

商品自体の欠陥や破損、商品の説明が不十分なために起きること、また従業員の電話や接客対応の悪さ、はたまた社内での報告・連絡・相談ができていない、現場でのミスが上司に伝わっていなかったなど、クレーム発生の理由は実にさまざまです。

クレームは通常、日々行われている商売のやり方のなかにある、あなたのお店や会社の経営システムの欠陥や矛盾を間接的に教えてくれるものなのです。

クレームが起こるのには、主に2つの要因があります。

・商品の不調に対する不満
・従業員の態度への不満

クレームは、自分の性格上の欠点を他人からはっきり指摘されたのと同じで、誰でも気分がいいものではありません。

さらにクレーム処理は、余計な仕事とか面倒な仕事だと思われていますので、どうしても対応が遅れがちになることがあります。

しかし、これを放置しておくと、お店や会社への損害は計りしれません。

以前、こんなことがありました。

11月の連休のある日、駅前にある焼き鳥店へ初めて行きました。全国展開しているお店で国産の素材を使っているのが売りのお店です。カウンター形式で20席ほどの店内は満席に近い状態でした。

席につくと「飲み物は何にしますか？」と、アルバイトの若い男性が注文を取りに来ました。私はビールや焼き鳥を数点ほどお願いしました。

しばらくして、食事も進み注文した料理がすべて出てきたのか？ と伝票を確認したら1皿だけがまだ出てきていないことに気がつきました。

「すみません。注文した料理がまだ出ていませんけど……」と、私がメニューを指しながら店長らしき店員に伝えると、伝票も確認せず「もうすべての料理を出しましたよ」とぶっきらぼうな態度で返答してきました。

私の勘違いかもしれないと思い、「そうですか。じゃあいいですよ」と手を振りながら言うと、その店員はカウンターまでやって来て「お客さんの食べた焼き鳥の串を数えましょうか？」と、どちらが正しいのか、はっきりさせようじゃないかというような態度で言ってきました。

私は店員の態度にとても違和感を覚えて、最悪の気分で会計をすませてお店を出ました。

レジを担当する人、商品を並べる人、パートやアルバイト、正社員にかかわらず、お店で働くすべての人がお客様から見ると「お店の人」となります。

お店の人がお客様に対して、どのような態度で接してきたのか、その1つひとつの行動がお店の評判となるのです。

最近では、インターネットでの口コミ評価などを多くの人が活用し、来店する動機づけの大きな要因の1つとなっています。

良いことも悪いこともお店の評判は一気に広がっていきますから、細心の注意を払わなければなりません。

自分のお店にとって不利になることでも、あえて承諾し、快く対応したならば、お客様の印象はきわめて良くなります。こうするとお客様に強いプラスイメージが蓄積されていくはずです。

別の例があります。

私は、８年前に新しく家を建てました。

あるときシャワーを浴びていたら、シャワーヘッドが「ストン！」とシャワーフックと一緒に落ちてしまいました。落ちたシャワーフックを持ち上げて、ネジを強く巻いてシャワーヘッドを差し込みましたが、何度試しても「ストン！」と落ちてしまいました。

ネジがゆるくなったのかなと思いメーカーへ連絡をしたところ、「おかしいですね。そんなところがゆるくなることはありません。どなたかぶら下がったのでしょうか？」と担当者に聞かれました。小さな子供でもいれば、そうしたことも考えられるかもしれません。

しかし、私の家族はみんな成人していてこんなところにぶら下がるなんてことはあり得ないと伝えました。

すると、「調査してみなければわかりませんが、浴室の壁からユニットを取り外し、すべて取り換えになるかもしれません。保証期間内ですが、場合によっては有料になります」と担当者からの説明がありました。

一番近くの営業所が対応してくれる段取りでしたが、対応も遅くてイライラしたことを覚えています。


それから数日後のことです。

今度はトイレのウォシュレットが故障しました。モーターの動く音はするのに、水が出ません。先ほどとは違うメーカーです。保証書に書いてある先へ連絡をしたところ、「すぐに対応いたします」と私を疑うこともなく、何の質問もなく、全面的に受け入れてくれました。

「ありがとうございます」と言って電話を切ろうとしたそのとき、担当の方から質問されました。

「ほかに何かお困りごとはありませんか?」と。

私は「ほかに???　困りごと???　何かあったかな?」と考え、ほかの部分を思い出しました。

「あっ。そうそう。故障ではないのですが、便座の塗装が一部剥《は》がれているのですが……」

そう言うと、「かしこまりました。メーカー保証期間内ですので無料で交換いたします」と、担当の方が約束をした日に新しい便座に交換してくれました。

新しい便座に取り換えてもらったら、トイレがピカピカに見えて何だかうれしくなりました。

私は電話での対応の良さと、素早く動いてくれたことに大変満足しました。

「次にリフォームするときは、このトイレはもちろんのこと、バス、キッチンなどの住宅設備関連はこのメーカーのものにしよう！」と強く思いました。

クレーム対応のあとに、「ほかに何かお困りごとはありませんか？」のひと言が相手のことを気遣う気持ちと言葉になって、お客様の満足度を引き上げると感じました。

つまり、積極的にクレーム対応することで、お客様の満足度は高まるのです。

また、クレームはお店や会社の現状を客観的に知ることができる有力な情報でもあるので大切に扱わなければなりません。クレームには、お店や会社を良くするためのヒントが潜んでいるのです（次ページワーク８）。

クレームを経営改善のチャンスと考えて大いに耳を傾けるようにしましょう。

ワーク8

クレームがあったときの基準をつくりましょう

あなたのお店や会社ではクレームがあったときの基準をお持ちですか？
また、過去にあったクレームに対して、具体的にどのように対応しましたか？
みんなで話し合いルールをつくりましょう。

たった1枚のメモで現場を変える情報共有の仕掛け

第2章で登場した、兵庫県姫路市で3店舗のパン屋さんを運営する「プロムナード」は、添加物や保存料を一切使用しない本物のパンづくりで人気を集めています。オーナー前田さんの方針は明快、「本物志向」です。

「たとえば、カレーパンは野菜などの食材をスタッフの手で調理してカレールーがつくられています」とこだわりを話してくれました。

こうしたつくり手の思いに共感する人たちが、プロムナードのパンを選んでいるのです。その強みをどうすれば、お客様対応に反映できるのか。

再び、プロムナード青山店のチーフ保木さんが取り組み始めました。

私はオーナーの決めたルールでちゃんとパンをつくって販売すれば、私の仕事はOKだとずっと思っていました。自分の担当するお店の強みを考えたこともありませんし、考えることが必要だとも思いませんでした。

また「お客様、第一」と言ってはいましたが、具体的にどうすればいいのか、良くわかりませんでした。

青山店の販売はパートを含む4名態勢で運営しています。午前の担当、午後の担当と分かれていて、1日を通してずっとみんなが一緒に働く場面はほとんどありません。

ですからチームとしての意識も少なく、スタッフ間で考えを共有することもありませんでした。

しかし、あきない実践道場で学び、意識が変わりました。

パンをつくり販売するだけではダメだとはっきりわかったのです。

そこでまず、「お客様に不便をかけていることを解消する」ことから始めました。

あるとき、午前中にサンドウィッチが売り切れて、がっかりして帰るお客様が数人続きました。そこで、どうすればいいのかを考えました。

「お客様、サンドウィッチは事前にご予約をいただくことも可能ですよ」とか、「スーパーで買い物をする前にお声をかけていただければ取り置きもしておきますよ」とおすすめしました。

さらに、サンドウィッチが売り切れても、「次、○時に焼き立てパンができますよ」とちょっとひと声アナウンスをしたり、朝の買い物でご来店してくれたお客様には、「フランスパンは昼から焼き上がりますよ」と積極的に声をかけるようにしました。

すると、不思議とお客様の予約注文が増えていきました。

それでも、サンドウィッチが売れ残る日もありました。

しかし、「午前中に売り切れた」とか「売れ残った」という状況は、スタッフが互いに共有していませんでした。

午前の担当者の情報が午後の担当者と共有できていないという状況でした。また、「お客様から尋ねられたこと」という、お客様の声は直接関わったスタッフそれぞれが対応していて、お店の情報として蓄積できていませんでした。

そこで、チーフである私が考えました。

「お客様に不便をかけていることを改善しよう」と、日報で情報共有する仕組みを始めました。日報は「振り返りま表」と親しみの湧く名前にしました。

「振り返りま表」の大きな特徴は、スタッフ全員のコメントを1枚のシートに書き込む仕組みになっていることです。気づいたことを1行でもいいので書き込むことから始まりました。この「振り返りま表」は、以下のような項目になっています（117ページ写真）。

・記載日　天気
・本日のイベント
・午前（ご予約も）
・午後（ご予約も）
・その他
・申し送り／連絡など

たとえば、こんな具合になります。

【5月14日　日曜日】
【本日のイベント】母の日
【午前】すべてよく売れていた。
無糖食　5本
【午後】午後からも数多く食パンがよく売れました。
【その他】
母の日限定　スマイルクリームパン
ディスプレイをアイランド入口寄りに（花コーナーに寄せて）、プレゼントになりそうな「○個包装ずみ」をどんどん並べていく方式。
無糖押しPOP
【申し送り／連絡など】

ＤＸケース　棚上０です。

了解しました。俣木……５月18日納品で！

【５月23日13時】　気温27度晴れ
【午前】アイスコーヒーがよく出ました。
カップコーヒーご注文の８割がアイス（最高気温28度）
ＤＸ（ツナとたまごのデラックスサンド）すぐに完売しました。
たまごハムがあまり出ていません。
【午後】……

日報の「振り返りま表」は、店のイベントやお天気、気温で変わる販売状況を

「プロムナード」のスタッフが お客様情報共有をする「振り返りま表」

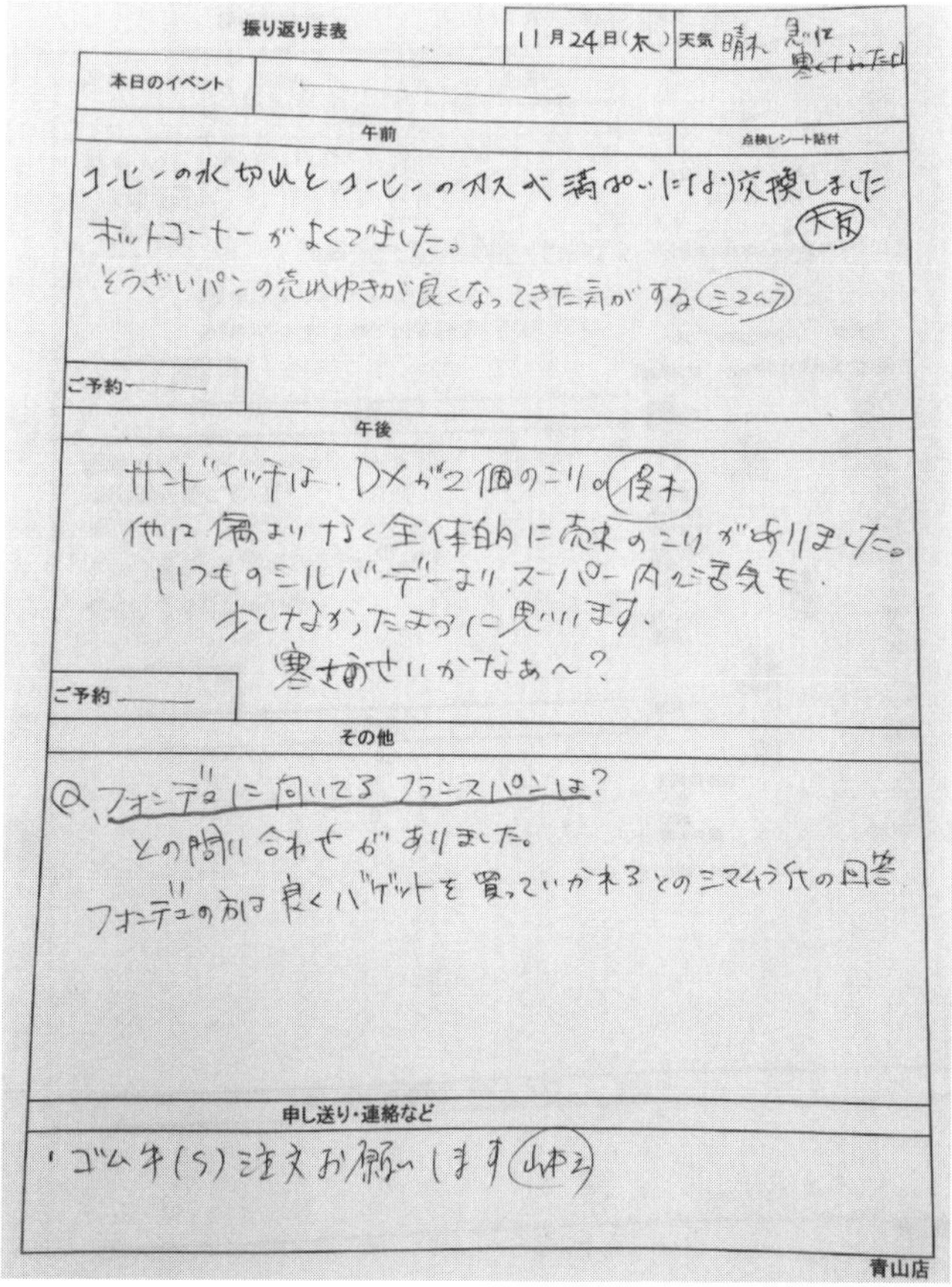
振り返りま表　11月24日（木）　天気　晴れ　急に寒くなった日

本日のイベント　——

午前　　点検レシート貼付

コーヒーの水切れとコーヒーのカス（が）満ぱいになり交換しました
ホットコーナーがよく出ました。（大友）
そうざいパンの売れゆきが良くなってきた気がする（ミマムラ）

ご予約——

午後

サンドイッチはDXが2個のこり（佐木）
他に偏まりなく全体的に売れのこりがありました。
いつものシルバーデーより、スーパー内の客気も
少しなかったように思います。
寒さのせいかなあ～？

ご予約——

その他

Q、フォンデュに向いてるフランスパンは？
との問い合わせがありました。
フォンデュの方は良くバゲットを買っていかれるとのミマムラ代の回答

申し送り・連絡など

・ゴム牛（S）注文お願いします（山本）

青山店

とくにスタッフがシフト制の場合、スタッフが入れ替わるごとに情報が共有しにくくなることを「お客様視点」で改善している。

しっかり共有できる仕組みとして機能しています。週末の売れ具合や売れ残りなどがしっかり記録されていて、誰もが翌日には状況を知ることができます。

全社員で情報共有し素早い対応ができるのが特徴です。

さて、私は5月24日の「振り返りま表」に興味を持ちました。

【午前】本日お客様がハードトーストにチーズを乗せて焼いて食べるとおいしいとおっしゃっていました。山本

サンドウィッチが昼過ぎに完売しました。

【申し送り・連絡など】

マンゴデニッシュの試作！

なんだかイケそうな気がする。

「マンゴデニッシュの試作！」という文字があったので、俣木チーフに聞きました。

実は、この青山店はパートさんが商品開発の一部も担当していました。青山店はスーパーのなかに店舗があるので、季節感のある旬《しゅん》な食材や鮮度の高い野菜などをスタッフが自分たちで直接見て触れて、そのとき一番良いと思われるものを使って試作品をつくってオーナーに提案していたのです。

スタッフ自身がもともとプロムナードのお客様でもあり、主婦でもあります。

彼女たちがつくるパンは、お客様視点に立ったモノづくりだと言えます。

スタッフの江原さんは、次のように教えてくれました。

「以前、私はお客としてこのお店のパンをずっと買っていました。いまはプロムナードのスタッフとなり、サンドウィッチをつくっています。ここのパンは添加物の多いマーガリンは一切使用せず、バターを使っていることや生クリームはホイップを使わず牛乳のみでつくられたものを使っています。本当に良い素材を使ってパンづくりをしているお店です。

私もここで働くようになり、主婦の視点で良いと感じたものをつくり提案しています。自分たちが『こんなものがあったらいいなぁ』と思うものを、自分たちでつくっているので、とてもやりがいがあります」

私が「マンゴデニッシュの試作!」に興味を持ったことを知った俣木チーフは、さっそく次の取り組みを始めました。

5月1日　月

ちょっとこれを見てください。サンドウィッチ製造チームからの意見で「サンド送りま表」をつくりました（122ページ参照）。

見開き左ページには、サンドの種類と当日つくった数が記されています。右のページには「送りま表」として、自由にコメントを書いてもらいました。

たまご姫	たまごハム	ツナ&ＤＸ	ＢＬＴ	エビカツ	ウィンナー	コールスロー
8	8	8	7	6	5	10

・午前までには調理パンがよく売れていたような気がします。13時30分完売
・昼前後、レジが込み、トング、トレー拭《ふ》きを手伝いました。
・今日は土曜日なのにサンドの売れ行きが悪かったです。
・今日はレタスの見栄えが悪くなっていました。
・今日はＤＸ一番に売り切れでした。
・ＢＬＴあまりに小さいレタスをはさんで結局カット後、袋詰めでバラバラ。
・ＢＬＴタルタルの上に小さいレタスを乗せれば大丈夫ですよ。
・ＢＬＴありがとう。

この表のおかげで、スタッフ同士の情報がよく共有されるようになりました。
たとえば、暑くなるとたまごサンドの売れ行きが鈍くなっていることやスー

「プロムナード」がつくり手（主婦）の立場から情報共有をする「サンド送りま表」

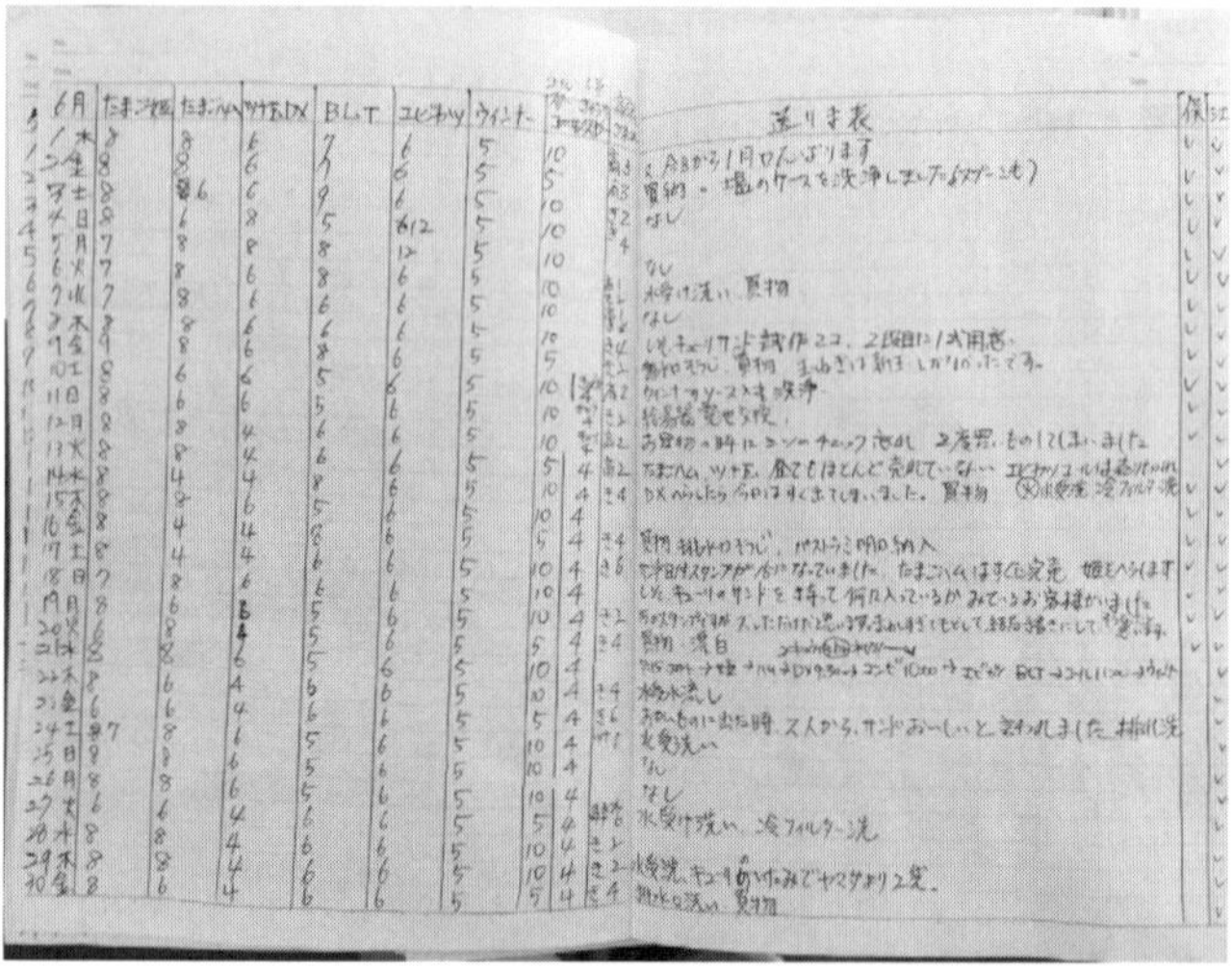

1カ月が見開き１ページにまとめられており、季節感も意識できる。このサンド送りま表に、つくり手の感想や作業などがまとめられている。

パーのイベントで売れ行きが変わること、レタスの色で売れ行きが変化することや、近隣に競合スーパーができて客足が一時鈍ったことなど、1人では気づかなかったことがわかるようになりました。
スタッフとしてはもちろん、つくり手、主婦の立場からの出来事など詳細な情報が毎日「サンド送りま表」に記されているからです。

こうした俣木チーフの取り組みを、スタッフは「たくさんの人の意見や考えを『送りま表』で知り発見があります」「意見を出し合う雰囲気ができました」「より多くの人の話を聞きたい」「お客様の求めているものをうまく取り入れていく仕組みをつくりたい」と前向きに受け取っています。

小さなお店や会社は全スタッフ、全社員が営業マンです。
よりチームの生産性を高めるには「情報の共有」がポイントです。
そこで1枚の日報に全員が情報を書き込む方法はとてもシンプルで良い方法です。

プロムナードの取り組み事例から、お客様の声やクレーム、販売状況や取り組むべき課題、わからないことや、やらなければいけない作業などを知ることで対応を変えてみたり、互いに助け合ったりできることがよくわかります。

最後にオーナーの前田さんは、俣木チーフをはじめスタッフへの思いを、こう語ってくれました。

「よくスタッフが頑張って取り組んでくれています。お客様の声をみんなで共有して、より良い店づくりをしていきたいと思っています。私たちの目指すところは、手づくりパンを通じて地域の人の笑顔を増やしたい！　ということです」

とことんに徹したお客様対応で、地域ナンバーワンを目指す！

あるパン屋のオーナーから「相談したいことがあります」と、私のところに連絡がありました。そのオーナーは、こう話を始めました。

「私のお店はオープンして20年でパートスタッフを含め5名で営業をしています。私はパンが好きでお店を始めました。おいしいパンをつくれば、お客様は自然に増えていきました。特別な営業をすることもなくそれなりにやってきました。しかし、最近になって近所に新しくパン屋さんがオープンしました。しばらくすると、店の売上げがジリジリと下がっていきました。まずは、チラシをまこうと思っています。またタイムサービスを始めようと考えています。考えていることが間違っているのか、正しいのか、よくわかりません。アドバイスいただけないでしょうか？」

どこのお店も会社も「売上げを上げたい！」「利益をきちんと残したい！」と考えているものです。とくに業績が悪くなってくるとあれこれと考えてしまい、商売の本質を見失ってしまいます。

これらのことを根本的に解決するには、「お客様対応」から取り組んでいくと良いのです。それには、お客様をしっかり観察して、お客様の役に立てることを本気で考え実行することが早道になります。


たとえば、こんなことがありました。

スタッフの松島が、近所の中華料理店に研修後に開催する懇親会の会場予約の連絡をしていました。

彼女は「そうなのですか。仕方ありません」と残念そうに受話器を置きました。

私が「どうした？」と聞くと、「予約がいっぱいで席を確保できないそうです」と言いました。

その後、彼女は懇親会場のリストを取り出し、ほかに予約できる店はないかとリスト先のお店に連絡をしました。

電話の向こうのお店の担当者は、「何日までに正式な人数が確定しますか？」「前日の〇時以降はキャンセル料金が発生しますけどよろしいですか？」と、予約に関する条件を彼女に伝えていました。

そのときに別の電話機の呼び出し音が鳴りました。

先ほど、最初に予約の連絡をした中華料理店の店長からでした。

「今日はご予約のお電話をいただきありがとうございました。お席をご用意できなくて誠に申し訳ありません。もしよろしければ、今後の予定が決まっているのであればお席を用意できますので、一度うかがってお話しできればと思いますがいかがでしょうか？」

翌日の午後3時、オフィスに店長がやって来ました。

テーブルにつくと、彼は「この度はお役に立てず申しわけありませんでした」とゆっくり頭を下げました。

そして「もし研修の日程が決まっていて、懇親会を開催する予定があるのであれば、予定をうかがってもよろしいでしょうか？」と言うのです。

松島が「今後の予定は1年先まで決まっています。しかし、まだ懇親会に参加するかどうかの人数ははっきりしていませんよ」と言うと、店長は「いいですよ。まだ予定の段階でも大丈夫です。また当日になって予約いただいた人数よりも少なくなっても、キャンセル料はいりません」と申し出てくれたのです。

ある研修の日、お客様から「体調が悪くなり懇親会をキャンセルしたい」と連絡をいただきました。懇親会開始時間の1時間前でした。

松島があわててお店へ連絡したところ、「大丈夫です。お客様に楽しんで食事をしていただきたいので心配はいりませんよ」と、電話の向こうでイヤなそぶりを感じさせることなく対応してくれました。

また、こんなこともありました。

連日研修が続き、懇親会をこのお店で予約していました。すると前日に店長から「同じ方が二度来られると、前回と同じメニューだったらがっかりするでしょうから、いつもとは違う内容で準備をしておきますね」とわざわざ確認の連絡がありました。

これまでいろいろなお店で懇親会を開催してきましたが、これほどしっかり対応してくれたお店はありません。

ある日、いつも以上にたくさんの人で予約をしました。

懇親会の翌日、「挨拶《あいさつ》に来ました」と、お礼にごま団子のお土産を持って来てくれました。

生ビールつきのクーポンや割引など価格で訴求して集客を促すお店はたくさんあり

ます。しかし、割引といった安易なやり方をするのではなく、お客様を観察して、お客様のことを知り、どうすれば役に立てるのかを考え対応するお店は少数派です。

私は、松島に懇親会の予定がある数カ月先まで予約を入れるように指示しました。

私たちがこのお店を選ぶ理由がここにあるのです。


この中華料理店は大阪天神橋筋商店街のなかにあります。ここは南北2・6キロの日本一長いアーケードの商店街で、さまざまな業態の小さなお店が約600店舗も集積しています。

天神橋筋商店街を歩いていると、お店のシャッターが降りていたかと思うと、次の日には改装工事が始まり、また新たなお店がオープンしています。もちろん、この中華料理店のようにずっと繁盛しているお店もあります。

老舗《しにせ》であっても、名店だと言われていたお店でも、お客様から選ばれなければ、お店は淘汰《とうた》されて新たな店舗へと入れ替わっていくのです。

お客様対応は、お客様を観察して、お客様のことを知る努力をする。そしてどんなことでお役に立てるのかを考えることから取り組んでいくことです。

お客様対応で、あなたのお店や会社の評価が決まる

あるベーカリーショップのシェフが、「私は、どうやったらもっとおいしくパンが焼けるのか、いつもそのことばかりを考えて仕事をしていました。パンづくり以外の仕事は、とにかく効率的にやらなければいけないと思い、レジ係にはお客様と話している時間があれば、もっと早くパンを袋に入れるように指導していました。いかに効率良く作業をするか……ずっとそうした考え方でいました。おいしいパンさえつくっていれば繁盛店になれる」と話してくれました。

「どこにも負けない、地域で一番おいしいパンをつくりたい！」という気持ちはとても大切です。しかし、お客様対応に力を入れていないことが気になります。

「おいしいパンをつくれば売れる！」

「良いモノをつくれば店は繁盛する！」

本当に、それだけでいいのでしょうか？

次の事例から一緒に考えてみましょう。


先日、社内の勉強会でお客様対応について話をしていました。

「あのお店から二度と買いたくないと思った体験はありませんか？」と聞くと、堰《せき》を切ったようにスタッフが話し始めました。

「先日、あるベーカリーレストランへ行きました。ランチセットでスパゲッティーにクロワッサンがついているメニューがあったので注文しました。しばらくすると、店員さんが私のところへ来て『申し訳ございません。先ほどご注文いただいたクロワッサンが品切れになっております。すぐにつくりますので、焼き上がったころにお持ちしますね』と言ってキッチンへ戻りました。

でも、しばらくたってもクロワッサンを持ってきてくれないので『まだ焼けていないのですか？』とレジにいた別の店員さんに聞きました。するとその店員さんは、『何か証明するものはありますか？』と言いました。

私はその言い方と態度にびっくりしたのと同時に怒りが込み上げてきました。『私がウソをついて、だましているとでも思っているのですか？』と言いたくなりましたが我慢しました。
あのお店には不信感でいっぱいです。もう二度とあのお店へ行くことはありません」

「商売繁盛の法則」は2つのかけ算で決まる！

お客様対応の改善に取り組むためには、まずお店や会社の利益がどういうときに生まれるのか、あらためて考え直してスタッフみんなで共有する必要があります。

利益が発生するのは、お客様のお金と私たちが販売する商品を交換した瞬間です。

お客様は商品の対価としてお金を払うので、売る側から見ると、商品が良ければお客様対応は関係ないように感じます。

しかし、人間は自分を認めてもらいたい、自分を大事にしてもらいたいという強い自尊本能を持っているので、お客様対応はとても重要なのです。

そこで繁盛店の取り組みを公式で表すと次のようになります。

◆繁盛店の法則

繁盛店の取り組み＝商品の品質や性能の満足度×販売する側の態度や対応の満足度

商品の品質や性能の満足度、販売する側の態度や対応の満足度はかけ算ですから、両方とも一定水準を上回る必要があります。

しかし成果を早く出すには、優先順位をつける必要があるのです。

商品の競争力を高めるには、新たな設備の増強や人材の増員など資金が必要となり、競争条件が不利な小さなお店や小さな会社には負担になります。

それに比べてお客様対応のレベルを高めるのに特別な資金は必要なく、現在働いているスタッフで取り組むことができるので、競争条件が不利なお店や会社は、お客様対応のレベルを高めることを優先に取り組んでいく必要があるのです。

お客様対応で満足度が高まればリピートにつながる

出張先のある町で、生活用品から日用雑貨、またプロが利用するような特定業界向けの工具や資材を提供している専門店へ買い物に行きました。

エスカレーターに乗ると男性の店員が立っていました。

私は彼に「紳士用の靴ひもは何階にありますか？」と尋ねました。すると、「その商品は4階にあります」と即答してくれました。

私は「これはすごい！」と思ったので「携帯のイヤホンの売り場は何階ですか？」と尋ねると「5階にありますよ」と、これまた即座に答えてくれました。

あまりに対応が良いので、「この会社には何年ほど勤めているのですか？」と聞くと、彼は「この会社で8年間ほど勤めています」と教えてくれました。

さすがベテランの店員さんだと感じました。

私は靴ひもを買うために4階の売り場へ向かいました。探していた靴ひもを見つけたのでそれを持ってレジに並びました。レジ担当は女性で、名札には実習生と書いてありました。意地悪かもしれませんが、試しにイヤホンを置いてある売り場を聞いてみました。

「あの～、携帯のイヤホンを探しています。売り場は何階ですか？」

レジ担当の実習生は、なんて答えるだろうと思いながら、さっきベテランの店員さんにした同じ質問を投げかけました。

私のこれまでの経験では「ちょっとお待ちください」と専用マイクを使い上司や売り場責任者に確認して、レジ周辺で待たされることが少なからずありました。しかし、その実習生はすぐさま「5階です」と私の質問に答えてくれました。

お客様対応に力を入れている良い事例だと思いました。

通常、業務を行っているとお客様が尋ねてくる内容はおおむね想定できます。空港バス乗り場に近いカフェなら「次のバスの時間は何時ですか?」、観光地のホテルなら「地元でおすすめの和食店はありますか?」といった具合です。

しかし、全員が即座にお客様に答えられるかというと、そういうお店や会社は多くありません。

そこで、お客様からよく尋ねられることは事前にリストをつくっておくといいのです。次に同じことを何度か尋ねられたことは、みんなで話し合い、そのつど新たな対応をリストにつけ加えていくのです。

さらに、お客様から尋ねられて答えられなかったことや、対応に困った経験などをスタッフみんなで話し合い、リストにして、1つひとつどのようにして対応すればいいのかをアイディアを出し合いまとめていくといいでしょう。

まとめたリストをみんなで共有すれば質の高いお客様対応ができるようになります。

さぁ、あなたのお店も会社も、お客様対応で地域一番を目指しましょう。

次ページのワーク9で、スタッフみんなで話し合い、お客様対応リストをつくりましょう。

事前に「よく尋ねられること」をまとめ、お客様対応リストをつくる、「何度か尋ねられたこと」をリストに足して定期的に更新していく、お客様に尋ねられて「答えられなかったこと」があれば対応策をみんなで検討し、リストに足す……。

こうした取り組みが、あなたのお店や会社の「お客様対応力」を確実に上げていきます。

ワーク9

お客様対応リスト

お客様からよく尋ねられること、
尋ねられて答えられなかったことを書き出してみましょう。

よく尋ねられること	答えられなかったこと

第5章

まだまだやれることはある！
お客様がファンになる
スゴい仕掛け

スタッフ同士ではなく、お客様にも「報連相」をする仕掛け

あるとき、千葉県の住宅街で小さなフラワーショップを経営している方から相談をいただきました。

「近隣に大型ショッピングセンターができて、お客様の来客数が昨年より20％下がりました。

また、お客様からのご紹介も減ったように感じます。そのショッピングセンターのなかには、私たちのお店と比べると3倍規模のお花屋さんがあり、お花をはじめ雑貨など関連商品のアイテム数も多く、いつもたくさんのお客様でにぎわっていると聞きました。このままではジリ貧に陥るのではないかと不安です。これからどのようにして取り組めばいいのでしょうか？」

小さなお店や会社は、いつもこうした環境下に置かれ苦戦するものです。

とはいえ、競合店対応策でやってはならないことの1つに、何度も言うように「安売り」があります。

値引き販売をして店から離れていくお客様を引き留めようと考え、安易な方向へと取り組んでしまうのです。小さなお店や会社が3倍規模のライバル店（会社）と安売り合戦で勝負をして勝てるわけがありません。このやり方は繁盛店の「原理原則」に反するので経営違反です。

経営の原理原則では、小さなお店や小さな会社は、ライバル店やライバル会社と常に**「差別化対策」**を考え実行するのです。

◆お客様対応で差別化するための報連相

販売で最もレベルが高い仕事とは、お客様の役に立つ手伝いをしたり、安心感を持っていただいたり、お客様から好かれて気に入られるようにしたりする対応です。

それがビジネスで使われる「報連相」です。

では、報連相とは何でしょうか？

報連相は、「報告」「連絡」「相談」の頭文字を取って略した表現です。

- **報告**
- **連絡**
- **相談**

ビジネスパーソンが新入社員の研修に参加すると、例外なく報連相というのが出てきますが、これは部下が上司に対して報告、連絡、相談しましょうというものです。

しかし、販売の仕事をする人やお客様と直接関わるような仕事をする人は、**お客様に対して報連相を実行すべき**なのです。

何度も繰り返して述べていますが、競争相手以上にお客様に好かれて、競争相手以上にお客様から気に入られて、競争相手以上にお客様に喜ばれて、忘れられないようにしなければなりません。

そのためには、徹底してお客様に報連相を行うのです。

しかし、お客様への報連相といってもピンとこないかもしれません。そこで良い事例があるので紹介しましょう。

朝比奈さんは、2000年に大阪市で小さなフラワーショップ「cinnamon（シナモン）」を開業しました。お店は大阪環状線の鶴橋駅から歩いて5分ほどのところで、お店の周辺は住宅地や商店が混在しています。

シナモンには、地元の方はもちろん、遠方からも車でわざわざやって来る繁盛店です。

朝比奈さんは、もともと百貨店でアパレル・雑貨のお店を担当していましたが、創業の動機を話してくれました。

「お店では主に接客担当の仕事をしていましたが、もっとさまざまな知識や技術を身につけたいと思って、働きながらお花の勉強を始めたのがきっかけでお店をオープンすることになりました」

お店は10坪ほどのスペースで、モダンアンティークな家具や革張りのソファー、アンティーク調のバードケージが置かれ、壁にはナチュラルな古材を使用したフォトフレームなどがかけられていて、まるでおしゃれなインテリア雑貨店にやって来たような雰囲気です。

シナモンでは、自宅用にクリスマスプリザ（プリザーブドフラワー）やお正月飾りをはじめ、行きつけのレストランに持って行く新年のお花や、はたまた韓流アイドルのコンサートに持って行く豪華な花束など、あらゆるシーンのオーダーに対応できることが特徴です。

朝比奈さんの独自の感性を活かした作品は、贈る方も受け取る方もウキウキするような感覚が得られることも評判で人気を集めています。

そうしたほかのお店にはない感覚に加え、人気を上げている理由に「LINEの活用」がありました。

シナモンでは、注文時にお客様の携帯電話番号を記載していただき、「商品ができましたらLINEで連絡させていただきますが、よろしいでしょうか？」と承諾をもらい、お客様のLINEを登録しコミュニケーションのツールとして使っています。その登録数は年々増えていると言います。

注文のご依頼をいただいたお客様へ、納期の確認や、ご注文商品の制作風景をお届けしたり、完成した商品の写真を確認してもらったり……と、あらゆる対応にＬＩＮＥを使っています。

「ＬＩＮＥはメールと違い、気軽さがいいですね。短い会話調の文章や、画像や絵文字で感情を表現できるので、気軽にお客様とコミュニケーションをとることができてとても喜ばれています。お客様からも『場所や時間にとらわれることなく、空いた時間に確認でき、簡単に返信できるので便利です』と、ＬＩＮＥを使うことで好印象を持っていただいています。

注文時にお客様の好みや趣味、またプレゼントを贈る相手の方の印象や好み、ライフスタイルなどもしっかりヒアリングして作品をつくっています」

朝比奈さんは、このヒアリングから得た個別情報をもとにＬＩＮＥメッセージを使って、「これは絶対、この方の好みのはず！」と思う作品の写真を１人ひとり個別に送信しています。

「一斉送信のダイレクトメールのような売り込みの印象ではなく、自分だけに届く個別のメッセージなので、お客様からは好印象を抱いていただけているようです。

手間のかかることではあるけれど、『あなただけ……』というメッセージだからこそ、お客様はメッセージを読んでくれるのです。メッセージに対して『ありがとうございます』とわざわざ返信してくれるお客様も多数います」

母の日やハロウィン、クリスマス、誕生日など記念日の贈り物にしたいと予約や紹介が増えているのもうなずけます。

以上のような取り組みを行ってきた結果、シナモンは「大切な人にお花を贈りたい！」と思ったときに、地域でなくてはならないお店となっているのです。


報連相に関してもう1つ。

先日、私の友人が話してくれた事例がとても参考になるので紹介しましょう。

彼は2年前に新築一戸建ての家を購入しました。

リビングで家族とゆっくり過ごしたいと思い、家具屋さんにオーダーメイドで無垢《むく》のダイニングテーブルをつくってもらいました。

「僕にとって、とても高額な買い物でしたが、家族と食事をしたり、話をしたり、大切な時間を過ごすものなのでこだわりました」と彼は話してくれました。

しばらくして、家具屋の店主さんからお礼のハガキが届いたと言います。それから半年に一度、家具屋さんから定期的に絵ハガキが届きました。

絵ハガキには返信用のハガキがついていて、「天然無垢素材を使用しているため場所によってはささくれが出ることもあります。無垢の木は年月がたてば日焼けをしたり、ツヤがなくなったりすることもあります。困ったことがあったらこのハガキを送ってください」とメッセージが書いてあったそうです。

ある日、彼の奥さんが「ささくれが出ました」と書いてハガキを送り返すと、数日後、家具屋から荷物が届きました。

届いた箱を開けてみると瓶《びん》に入ったオイルとメンテナンス方法を書いた直筆の手紙が入っていました。彼は「ネットで調べたらオイルは1万円もする商品でびっくりしました。家具屋さんの早くてきっちりとした対応に感心しました。ちょうど椅子も欲しいと思っていたので、同じ買うのであればこの家具屋さんにしようと妻と相談して決めました」とうれしそうに話してくれました。

このように、一度お買い上げいただいたお客様を忘れてはいけないし、同時にお客様からも忘れられてはいけないのです。

小さなお店や会社は、お客様に報連相を実行しましょう（次ページワーク10）。その取り組みがお客様との人間関係を良くするコミュニケーション、対応の差別化となるのです。

小さなお店、小さな会社ができるライバルとの差別化

業績が良くないときは経営のやり方のどこかが根本的に間違っています。

ワーク10

お客様に「報連相」を実行しよう

どんなタイミングで、どんなことに取り組んでいますか？
みんなで考えて共有しましょう。

1.

2.

3.

4.

5.

6.

7.

8.

9.

10.

間違っているかどうかの判断は、赤字かどうかです。赤字は商売がうまくいっていない最も有力な証拠となります。

赤字のお店や会社を調査すると、経営者はお客様に能動的な働きかけをしておらず、ただひたすらお客様が来るのをじっと待つ「待ちの営業」となっています。

またそれだけでは事足らず、新聞に不況だと書いてあるからといって自分の店や会社まで不況だと言っている人を少なからず見受けます。

できない言い訳をあらゆるところから探し出して「やってもどうせダメだ」「不況なんだから仕方ない」と、自分自身に言い聞かせて動けなくしてしまっているのです。

こうした状況のままお店や会社を続けていくと、身動きが取れなくなり手遅れになってしまいます。そうならないためにも事前に手を打ち、より良い店づくり、会社づくりをしていきましょう。

実際、手を打つとなると「キャンペーンで販売強化します」とか「チラシをつくり集客しよう」といったほかと同じ発想で考える人がいますが、ほかと同じやり方をしていては、競争力のあるお店や会社が常に有利な状況となります。

競争力のあるお店や会社とは、駐車場スペースや売り場面積も広く、立地条件が良く、品ぞろえが良いお店や会社のことを言います。

このような競争条件の有利なお店や会社と同じようなやり方では、まともに勝負しても勝てないのが現状です（商売の原則）。

そこで「差別化」が必要となるのです。

競争条件の不利なお店や会社は、競争条件の有利なお店や会社と差別化しなければなりません。しかもお金をかけず、人を増やさず、現状で差別化できることを考えるのです。

ではどうすればいいのか？

競争条件の不利なお店や会社が取り組む1番目の差別化は**「店員、従業員の対応」**です。

お客様に親切な対応で地域ナンバーワンを目指すのです。

いま目の前にいるお客様に、ライバル店やライバル会社のどこよりも親切にして、明るく、元気よく、対応する仕組みをつくり実行するのです。

お客様に親切にすることはたくさんのお金を必要としないし、学歴も年齢も性別も関係ありません。

ある冬の夜、私たちは研修を終えて居酒屋で懇親会をしていました。

この居酒屋は、スタッフがたまたまネット検索で探したお店でした。昔ながらの「かまど」で炊き上げる釜飯と瀬戸内の新鮮魚介が売りのお店でした。

私たちは楽しく食事をし、解散の時間になったので店を出ました。

すると、お店の出口に店員さんが「今日はありがとうございました」とダウンジャケットを着て立って笑顔で声をかけてくれました。

その日はとても寒さの厳しい夜でした。店員さんは両手で大きな陶器の器を抱えていました。

そのなかには、カイロが入っていて「どうぞ、お1つお持ち帰りください」と言って暖かくなったカイロを私たちに手渡してくれました。

暖かい部屋から外へ出ると寒さも倍増します。

そんなときのカイロは本当にうれしいものでした。

後日、料理の内容とサービスが良いこともあり、次回の懇親会もこのお店を予約しました。こういうサービスはなかなか思いつかないものです。

常にお客様に好かれて、お客様に気に入られて、お客様に喜ばれることは意識しないと気づかないものです。

お客様の立場で考え実行できることは、とても大事な能力の1つです。

普段から人に興味や関心を持って接することのできる人や、人が困っているときに、ちょっと手を差し伸べて手助けができる人は、最も能力の高い人です。

働く人たちが真心を込めたサービスを実行しているお店や会社に出会えることは、そうそうありません。

お店全体、会社全体でお客様の立場に立って「喜んでいただけることは何か？」を考え行動すると、思いのほか評判や信用はグングン高まっていくのです。

またあるとき、研修会を終えてこの居酒屋さんへ向かう途中に、突然雨が降ってきました。

私たちは傘を差しましたが、キャスターバッグやコートが雨でずぶ濡《ぬ》れになりました。お店に入って傘をたたんでいると、店員さんがお店の奥から出て来て、「このタオルでよろしければ、どうぞご自由にお使いください」と、手に茶色のタオルを持って声をかけてくれました。

私は雨に濡れたバッグを拭き取り「ありがとう」と言って返しました。

私は、このお店のきめ細やかな対応に関心を持ったので、「このような対応は誰が考えたのですか?」と質問をすると「みんなで考えました」と言うのです。

このお店では、毎月1回、定期的に時間をつくって「お客様に喜んでもらうために何をすればいいのか?」というテーマで話し合い、自分が体験したうれしかった出来事を、自分たちの店でもできることはないかと考え共有しているというのです。

人は自己中心に考える本性があり、放っておくと四六時中ずっと自分のことばかり思っているものです。自己中心　自店本位、自社本位というのが自然なことで、「お客様本位」のお店や会社はそうそう多くありません。

それは営業会議に参加すれば、そうした実態がよくわかります。

「顧客満足度向上」「お客様に喜びと感動を」「お客様中心」と謳《うた》っていますが、実際の会議では、その時間のほとんどが「どのようにすれば売上げが上がるのか？」といった数字などの利益、客数だけに焦点が当たり、そこに繰り返し時間が費やされているのが現状です。

結局、お客様不在の売上げ中心の営業会議になっているのです。

私は研修で話をするとき、必ず本題に入る前に「あなたの課題は何ですか？」とアンケート用紙の一番上に書いてもらっています。

そこには、「小さな会社で効率を上げる」「体だけ忙しくて、たいして利益が出ていない」「社員に効率的な方法論を語ろうと思い参加した」「利益率の高い精度の高い仕事を教えるために参加した」「売上げを上げるために簡単に金額を下げてしまうため、そうした意識を改善したい」「新規顧客の獲得」などなど、ほとんどが自分中心の課題です。

「お客様に喜んでもらうための方法を知りたい」
「お客様に気に入られるため何をすればいいのか？」
などという、お客様中心の言葉はまず見つかりません。

何度も繰り返しになりますが、経営の目的はお客様づくりです。お客様に親切にして、喜んでもらえることを実行することが経営を良くする「要因づくり」になるのです。

売上げや利益は、お客様が増えていった結果を象徴するものです。
つまり、経営を良くする「原理原則」は、お客様中心の考えを持って実行することにあります。

どこのお店や会社で商品を買うかは、お客様が決めるのです。決定権は100%お客様にあります。売る側は0%なのです。

お客様がどこの店でケーキを買って、どこの店でお花を注文し、どこのショップで買い物をするかはすべてお客様が決めて行動しているのです。

お客様本人の自由です。

お店で働く1人ひとりが、お客様中心の考えで話し合い、行動したときに「あの店（あの会社）はどこよりも親切だ」とか「あのショップはどこよりも熱心だ」とお客様は感じるものです。

また、実際にお客様が喜んでくれたことを自分たちで実感できれば、働く人たちは達成感を味わうことができ、働くことへのやる気や意欲を高めることにもつながるのです。

心のこもった精神的なサービスをしても、特別に人件費が多くなることもありません。小さなお店や小さな会社こそ、お客様対応で地域ナンバーワンを目指す仕組みが必要なのです。

言い換えれば、お客様対応で高い評価を得ることで繁盛店へとなるのです。

お客様に喜んでいただくために何ができるか、スタッフ全員で考えてみましょう（次ページワーク11）。

ワーク11

お客様に喜んでいただくために
何をすればいいですか？

1.

2.

3.

4.

5.

6.

7.

8.

9.

10.

お客様の要望や困りごとが「スキ間」というチャンス！

ビジネスチャンスは**「スキ間」**にあります。

しかし、スキ間は大きなモノの陰に潜んでいて、しかもカタチがなく、小さいので、ぼんやりしている人は気がつきません。

お客様の立場に立って、用途や満足度などいくつかの角度から、細かく熱心にお客様を観察している人こそ、スキ間を発見することができるのです。

スキ間を考えるうえで、とにかくわかりやすいのは、「お客様からのお問い合わせ」です。

たとえば、「○○したいのですが、できますか？」といった問い合わせは、お客様の要望や困りごとに当たります。

電話や接客中の会話のなかなど、お客様と接触するあらゆるシーンにこのような要望（＝サイン）が出ているのです。

それは、ほかのお店や会社では対応しきれなかった可能性が高く、「どこに相談すればいいのか？」「誰が対応してくれるのか？」といった、お客様が困っている状況だと考えられます。

つまり、ライバル店が対応していないスキ間の領域になっているということなのです。

「お客様の問い合わせにアンテナを立てる」と次々とアイディアが生まれる

儲かる商売のヒントは、お客様の「問い合わせ」のなかに潜んでいます。

しかし、そんなことはまったく気にかけていないお店や会社があるのも事実です。

こんなことがありました。

私は出張先の北陸で仕事が予定より少し早く終わりました。帰りに予約していた新幹線の乗車まで時間待ちになったので、研修をサポートしてくれている担当者から、「時間が少しあるので、一緒に一杯どうですか？」と誘われました。

私たちは駅前のビジネスホテルの1階に地元の小さな居酒屋を見つけました。ドアを開けると店員からカウンター越しに「うちは5時30分から開店です」と大きな声で言われました。

のれんは外にかかっていたし、店のなかを見ると2人の店員がいましたが、何をするわけでもなく手持ち無沙汰《ぶさた》にしていました。そこで、「5時30分といってもあと15分程度だし、店のなかで座らせてもらえませんか？」と言うと、カウンターの店員に「規則ですからすみません」と言って、断られてしまいました。

仕方なく違うお店を探しに行くことにしました。

この町は北陸新幹線の駅ができたことで、駅前の人の動きが劇的に変わっています。いままでより動きがより速くなる。動きがより速くなるとスキ間が生じやすくなります。そこにチャンスがあるのです。

お客様が「こんなサービスがあればいいな」とか「ここがちょっと不便だなぁ」と

思っていることを集めて対応を考えていくといいのです。

お客様の要望や不便を見つけて対応することで、「売上げは上がり、利益も増える」とわかっていても、「規則だから」とか「決められたルールだから」といって自分たちに都合の悪いことを面倒に感じて対応しないでいると、結果的にライバル店にお客様が流れていくことになります。

一方で、お客様の不満や不便を発見し、サービスをつくってお客様の要望に応える、こんなお店があります。


店の名前は「彩鳥屋《いろどりや》てっちゃん」。

大阪府岸和田市で開業して9年目の焼き鳥店です。数軒先に大手の焼き鳥チェーン店がありましたが、3年前に閉店しました。

彩鳥屋てっちゃんは最寄り駅から徒歩10分程度の場所にあり、「ちょっと仕事の帰りに寄ってみようか」とサラリーマンがやって来るような場所ではありません。

また、駅からお店までの最短ルートは線路沿いなのですが、外灯が少ないため道が暗く人通りもあまりありません。けっして立地条件が良いお店ではないのです。

しかし、そうした逆境を次々とチャンスに変えているのです。

休日のある日、私は仲間とゴルフの帰り道に打ち上げをしようと、彩鳥屋てっちゃんへ予約の連絡をしました。この店は和歌山でゴルフをして大阪へ戻るのにちょうど良い場所でした。

予定していた時間よりもゴルフが早く終わったので、「予約時間より1時間ほど早く到着しそうなのですが、大丈夫ですか？」と連絡をしました。

すると店主の早崎さんは、「ありがとうございます。大歓迎ですよ。準備しておきます！」と言って、いつもの開店時間よりも早くお店を開けて待っていてくれました。

しばらくすると、私たちが食事をしているテーブルに早崎さんがやって来て「ゴルフ帰りはいつもこれくらいの時間になるのですか？」と質問をしてきました。

私はお客としての困りごととして、こう言いました。

「だいたいつも3時過ぎにプレーが終わるのですが、帰り道に懇親会をしようと思っても、時間が早いせいか、オープンしている店がなくて困っていました。開店前の時間にお店を開けてくれてほんとに助かりましたよ」

するとと早崎さんは、「店の仕込みも昼ごろにほぼ終わっているので、開店時間を1時間から2時間早めたからといって何か不都合が起きるわけでもありません。かえって早く来てくださるほうが私もうれしいです」と笑顔で話してくれました。

私たちは開店を待つために時間をつぶさなくて良かったことや、楽しく食事ができたことがとてもうれしかったので、お礼を言ってお店を出ました。

それからしばらくたったある日のことです。

早崎さんは「ゴルフ帰り等の　ちゅーと半端な時間　お店開けます」といったコピーをつくり、フェイスブックや店頭に看板を出してPRをしていたのです（次ページ参照）。

「彩鳥屋てっちゃん」が
すぐに始めた開店時間対応の看板

お客様の問い合わせ（要望）に、すぐさま対応した看板。しっかり「ゴルフ帰り等」と問い合わせ客に対応。ゴルフのイラストなども入れてわかりやすい看板に仕上げている。

彩鳥屋てっちゃんでは、お客様の要望にアンテナを立てて取り組むことで「あそこは早い時間から営業しているよ」「あの店はいろんなことに対応してくれるよ」といった口コミでお店の評判が広がっています（次ページ参照）。

差別化という点から見ると、ライバル店が活動していない時間帯に営業活動するのはとても有利なやり方になります。その時間の競争はゼロ同然になるからです。ちょっと考えると、これぐらいのことはどこのお店でも、いつでも簡単に実行できそうに思えますが、なかなかできることではありません。

「お客様がどのような要望を持っているのか？」「何に不便を感じたりしているのか？」などを聞いたり、観察することでスキ間を発見することができるのです。

お店側から見た「経営の原則」は、お客様が来店したときに便利と感じていただける対応を積極的に行うことです。そうすることでお客様から好かれ、気に入られて再来店や口コミ、紹介へとつながっていきます。

あなたのお店や会社も、このような1人ひとりのお客様に支持されて、結果的に繁盛店へとなるのです（168ページワーク12）。

「彩鳥屋てっちゃん」の
開店時間対応から生まれた差別化

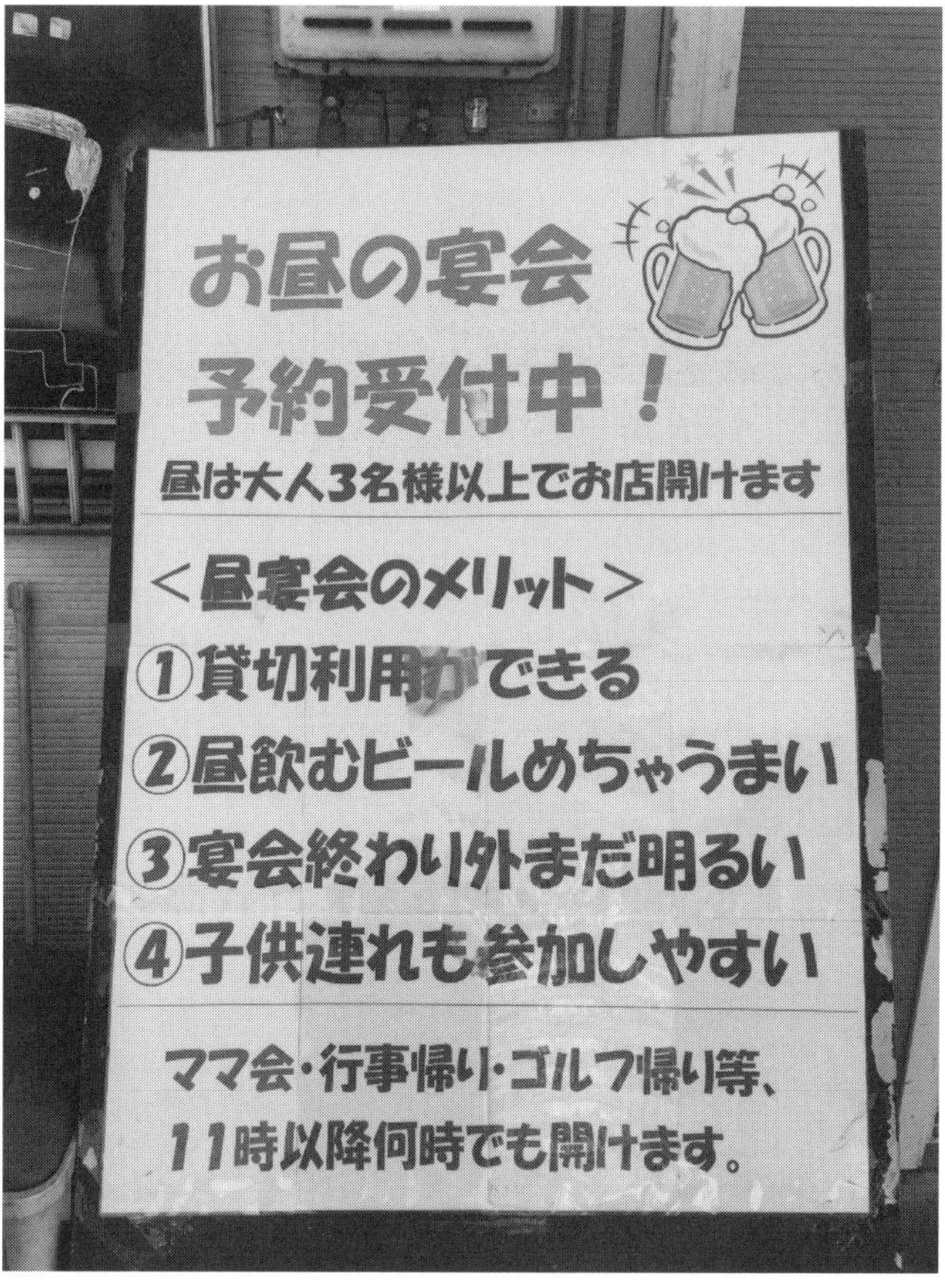

小さなお店や小さな会社は、お客様を観察してライバルがやっていないことをすることで、差別化が生まれる。

ワーク12

お客様からのお問い合わせを集めてみましょう

お客様のお問い合せにアンテナを立て、ビジネスチャンスのスキ間を見つけましょう
まずは、お客様からのお問い合せを集めてみましょう。

1. ____________________

2. ____________________

3. ____________________

4. ____________________

5. ____________________

6. ____________________

7. ____________________

8. ____________________

9. ____________________

10. ____________________

モノや情報があふれる時代だからこそ使える仕掛けとは？

地下鉄で、ある商品の広告を見ると、「○○セレクション受賞」と大きく書いてありました。

路面店のあるケーキショップの店頭には、「○○監修の○○チョコパイ」と、POPでデカデカと大きく貼り出されていました。

また、ある焼き肉店の看板には、「こだわりの餌《えさ》で一貫飼育した○○の牛肉」と、立派な筆文字で書いてありました。

こうした宣伝は、商品（モノ）の価値や品質を前面に打ち出すことで購買の動機となり、販売のチャンスが増えると思われているのでしょう。

しかし、モノやサービスがあふれるいま、良いモノを提供したからといって売れる時代ではなくなりました。インターネット通販などで、欲しいモノを探し、日本各地の名産品や他国の商品でも簡単に手に入る時代です。

また、情報もあふれ、ＳＮＳなどのレビューを読めば、実際に購入した人たちによる質の高い情報が手に入り、どの程度のモノなのかも簡単にわかるようになりました。

では、小さなお店や小さな会社は、どのようにしてあふれるモノや情報と差別化すればいいのでしょうか？

答えは「モノ」より「ヒト」を伝えるのです。

自分の考えや仕事に対する情熱、使命感などを誠実に伝えていくことで、お客様から選ばれる時代になったからです。

リピート客を生み出すためのキーワードは「共感」

これからの商売は、「モノ」を売るのではなく「ヒト」です。

小さなお店や会社は、商品の品質や機能を売りにするよりも、店主や販売を担当する人の仕事に対する思いやモノづくりへの情熱を伝えることのほうが、繁盛店にとって大切な時代になりました。

それは、あなたの考えや仕事に対する情熱、使命感などをお客様に「ストーリーで伝え、共感してもらう」ことで、多数のお店や会社のなかから、あなたが一番に選んでもらうことが成功のカギとなります。

ストーリーとは、創作した物語ではなく、自分の体験をベースに語ることです。

難しく考えることはありませんが、いきなりストーリーと言われてもピンとこない方もいると思います。そこで、地域で評判の焼き肉店「若富」の金田チーフの取り組みがとても参考になるので紹介しましょう。

焼き肉「若富」は、島根県松江市西津田にある1976年創業のお店です。

老舗若富秘伝のタレはこだわりがあり、和牛の味わいをより引き立てる名脇役です。

焼き肉へのこだわりは、どこにも負けないお店です。

数年前のことです。

そんな老舗も来店客数が少しずつ減ってきました。

チラシの反響がいつもより下がってきて、とくに平日に来店いただくお客様の数がジリジリ減っていきました。しかし、客数減少の原因がよくわかりませんでした。

何とかしなければならないと、チラシの数を増やしましたが状況は変わりませんでした。

そこで折り込みチラシのエリアを変えて配ってみましたが、これもほとんど反響は変わりませんでした。

・なぜお客様の来店数が減っていくのか？

・価格が高いから客数が減っているのか？
・地域が高齢化しているから客数が減っているのか？
・不況だから来客数が減っているのか？
・ライバル店の出店で平日の来店に影響が出ているのか？

理由がよくわかりませんでした。

あるとき、来店いただいたお客様1人ひとりに「なぜ若富に来店していただけたのですか？」と尋ねてみました。お客様は、

・接客対応が気持ちいい。
・スタッフの笑顔がいい。
・一生懸命で信頼できる。
・チーフの人柄が親しみを持てる。
・焼き肉を食べたくなったから。
・子供の誕生日を家族で祝いたいと予約した。

・息子が大阪から帰ってきたので、家族でゆっくり食事をしたいと思って来た。
・娘のピアノの発表会のお祝いで「ご褒美に何が食べたい?」と聞くと「焼き肉!」と言うので連絡した。
・若い人が「イッキ、イッキ!」と騒ぐことなく静かな雰囲気を楽しみたいから。

など、いろいろな話をしてくれました。
お客様に選ばれている理由を聞かせていただくことで、他店との違いや自分のお店の立ち位置が見えてきました。
自分たちがこだわっている肉やタレなどは、確かにお客様に喜んでいただけていたけれど、多くのお客様が大切な家族のお祝いごとを楽しみに来店してくれていることがよくわかりました。

「家族の大切な時間を過ごしたい」ときに若富を選んでもらえばいい。

そこでチーフの金田さんは、家族との大切な時間を過ごす場所として一番に選んでもらえるにはどうすればいいかと考えました。

そこで、あきない実践道場（著者の主催する経営の勉強会）で学んだ「ストーリーチラシ」を活用できるのではないかと考えました。

「私の体験をストーリーにして伝えていけば、共感していただけるお客様が来店してくれるかもしれない」とさっそく、ストーリーチラシづくりに取り組みを始めました。


共感をストーリーに織り込む手法は「共感マーケティング」と呼んでいます。これは、人の感性に訴えるというカタチのマーケティング手法です（詳しくは拙著、『「あなたのところから買いたい」とお客に言われる小さな会社』〈フォレスト出版〉を参考にしてください）。

この「共感していただく」をテーマにストーリーとして展開していくのです。

金田さんは幼少のころの家族の思い出を話してくれました。

「私は、小さいころから母と2人暮しでした。

母は私を育てていくために、民家を改築して、1人で焼肉『若富』を始めました。毎日休むことなく、自分の食事や休憩時間も、睡眠時間も削って、くたくたになるまで私のために、お客様のために、一生懸命に働いていました。

どんなに疲れていても、お客様に対して、とても親切で丁寧な対応をしている母の姿を見て私はうれしかったですし、お客様も笑顔がいっぱいでした。

一緒に過ごす時間が少ないのは寂しかったですが、いつも『これくらい我慢しないと』と思っていました。

そんな私は、母と2人で食事をしに行くことをとても楽しみにしていました。『ご飯、食べに行こう！』という母の言葉を聞いたときの喜びは、いまでも覚えています。

母と唯一ともに過ごせる時間。いろいろな話をして、おなかいっぱいご飯を食べて、本当に幸せで大切な時間でした」

私は金田さんの思いを聞いて共感しました。

私にも同じような体験があったからです。

若富は「お客様に思いを伝えることで、お客様に選ばれる店になる！」、そう確信を得ました。

お客様の感性に訴える「ＦＵＶＳの法則」でファン化が進む

お客様に共感していただくための共感マーケティングには、ある簡単な法則があります。

それが**「ＦＵＶＳの法則」**です。

ＦＵＶＳの法則とは、あなたのところのお店や会社の商品、サービスを必要としてくれているお客様に共感していただき、選んでもらいやすくなる共感マーケティングの手法の１つです。
ＦＵＶＳとは、以下の頭文字から取ったものです。

F：family
U：unusually
V：vital
S：smile

・Family：ファミリーとは自分の家族、生い立ち、地域や地元のことなど自分のプロフィール的なことです。
・Unusually：アンユージュアリーとは非日常の体験、失敗談であるとか、風邪を引きましたとか、突発的な出来事、いつもと違う出来事、最近驚いたことなどの情報です。

・Vital：バイタルは一生懸命頑張っていること、自分が情熱を傾けていること、いま苦労していること、あるいは趣味やボランティアの話などです。
・Smile：スマイルは日ごろのちょっとした楽しい出来事、つい笑いが起こってしまうようなエピソードです。

以上の４つのキーワードに当てはまるメッセージを伝えていくことで、あなたのお店や会社の商品、サービスを必要としてくれているお客様に共感していただき、選ばれやすくするのです。

人は相手と共通項があれば安心感を持つのです。

そこで、焼き肉若富チーフの金田さんは、ＦＵＶＳの法則を活用してストーリー性のあるチラシを考え制作しました。

毎月一度、定期的に地域のご家庭にチラシを届けました。

しばらくすると想定以上の反響があり、反響は１カ月後の来店客数に現れました。

その後も「ストーリーチラシを見た」というお客様が次々と増えていきました。

一度きりで完結させず、連続性のあるチラシが認知されて、より共感を高めていったのです。

このようにFUVSの法則で連続性を持たせたチラシを私は「ストーリーチラシ」と命名しました。

商品の機能や性能、あるいはマーケティングやプロモーションではなく、思いや情熱、もしくは自分が日々どう生きているかが重要になるということは、見方を変えれば非常に良い時代ではないかと思っています。

なぜなら、まず企業規模の大小はあまり関係ありません。

商品の機能や性能が業界横並びでも、いくらでもやりようが出てきます。

価格競争に走って利益を削ることもありません。

さぁ、あなたも実体験に基づいたストーリーチラシをまずは自己紹介からつくってみましょう（次ページジワーク13）。

ワーク13

あなたも「FUVSの法則」を使って、ストーリーチラシをつくってみましょう

① Family（ファミリー）

自分の家族、生い立ち、地域や地元のことなど自分のプロフィール的なこと。

② Unusually（アンユージュアリー）

非日常の体験、失敗談であるとか、風邪を引きましたとか、突発的な出来事、いつもと違う出来事、最近驚いたことなどの情報。

③ Vital（バイタル）

一生懸命頑張っていること、あるいは自分が情熱を傾けていること、いま苦労していること、あるいは趣味やボランティアの話。

④ Smile（スマイル）

日頃のちょっとした楽しい出来事、つい笑いが起こってしまうようなエピソード。

お客様の購買動機を高める「GDPの法則」

従来、マーケティング業界では、人が商品やサービスを購入するときの行動は「モノからコトへ」と提唱されていました。しかしいまやモノやコトで差別化することは難しくなってきており、**「ヒトの時代」**になっています。

お客様の購買動機はモノ（Goods）からコト（Do）、コト（Do）からヒト（People）へと進化しています。

これを**「GDPの法則」**と言います。

あなたは時代を先取りしたマーケティング、GDPの法則でコストを最小限度に抑え、「どこから買うか?」ではなく「誰から買うか?」に着目しなければなりません。

個人の情報や体験や知識を全面に出すことでチャンスをつかむことができるのです。

名古屋市のオーガニックワイン&こだわり食品の専門店「ハウディ」の事例を紹介

しましょう。

ハウディは1922年名古屋で創業し、90年を超える老舗のお店です。

もともとは、町の小さな酒屋さんからスタートし、その後、大型量販店へと業態を変えました。

「バタバタしている割に利益は残らない。来る日も来る日も仕事に追われ、がむしゃらになって働きました。その矢先、30代に大病を患《わずら》いました。仕事のやり方を変えないと体も心も疲弊してしまう。家族やスタッフ、お客様にまで迷惑をかけてしまった」

奥畑常務は、自然派ワインを取り扱う現在の店づくりのきっかけを、こう話してくれました。

ハウディは名古屋市のＪＲ金山駅から徒歩15分ほどの場所で、工場や会社や住宅が混在しているところにあり、比較的交通量の多い路面のお店です。

店舗の隣は大型のホームセンターで、週末には買い物客が店の前を車で通ります。

奥畑常務は「ドライバーが見て、何のお店なのかがすぐわかる看板をつくってみてはどうか？」と、大型のスタンド看板を立てました（次ページ参照）。

「屋外用の大型看板をつくるのに業者に大金を投じる必要はない」と、輸送や保管などに使うすのこ状の板（プラスチックパレット）を組み上げて製作しました。これなら安上がりでわかりやすく、ドライバーの目にもすぐとまります。

お客様がお店を選ぶ大きな要因は「モノからコト、コトからヒト」へと移り変わっています。奥畑常務は、「お客様から気軽に相談してもらえるような関係づくりをしたい」と、スタッフの巨大なプロフィールの看板もつくり、店頭の一番目立つ場所に設置しました（186、187ページ参照）。

B4用紙9枚を貼り合わせたプロフィールシートは、スタッフの顔写真をデカデカと貼り出して、プロフィールには卒業した幼稚園や学校など地元感を全面に打ち出し、地元の方々に親しみを感じてもらえるようにつくられています。

「何のお店なのか？」が、
お客様にすぐにわかる「ハウディ」の大型看板

小さなお店、小さな会社は、お客様に覚えてもらい、忘れられないようにする必要がある。車の通りの多い場所で、ドライバーもワインのお店とすぐにわかる。

「コトからヒトへ」の変化を捉えた「ハウディ」の大型プロフィール看板1

(写真上)

日本ソムリエ協会認定
ソムリエ

ナチュラルなワインが
大好きです♪

奥畑彰規（おくはた あきのり）

熱田区生まれ　O型
お東幼稚園出身
酒類業界歴:30年

(写真下)

ハウディ雑用係

まだまだ駆け出しですが、
とにかく頑張ります！
食べることが好きです♪

雄規（ゆ う き）

昭和区生まれ　O型
高辻幼稚園
酒類業界歴:2年

「コトからヒトへ」の変化を捉えた「ハウディ」の大型プロフィール看板２

（写真上）

SSI認定
日本酒きき酒師 古酒ぬる燗が大好きです♥
吉田さき子（よしだ さきこ）
熱田区生まれ　B型 元CA 酒類業界歴：20年

（写真下）

SSI認定
焼酎きき酒師 黒糖焼酎が大好きです♪
加藤正隆（かとう まさたか）
熱田区生まれ　B型 元テニス部cp 酒類業界歴：10年

プロフィール看板を通して自分自身のことを伝えることで、「スタッフに対しても、『元CAだったのですか？』と気軽に声をかけてくださる機会が増えました」と、巨大なプロフィールに手応えを感じていると言います。

「何もなければ通り過ぎてしまう。お客様の目を店舗に釘づけしたい！」

奥畑常務はハウディの会員顧客向けに定期的に配信しているニュースレターを貼り出してみてはどうかと考えました（次ページ参照）。

「6月号は『奥畑、おじいちゃんになる！の巻』というタイトルでした。さっそく『おじいちゃん1年生だな』と、親しげに声をかけてくださる方が何人もありました。私よりも年上の先輩おじいさんからでした。

気さくに、遠慮なく声をかけてもらえる環境ができてきたことにうれしく感じています」と奥畑常務は話してくれました。

お客様の目を釘づけにした
「奥畑おじいちゃんになる！の巻」の看板

お客様にお店や会社を覚えてもらい、忘れられないようにするためには、お客様から好かれることが必要。ヒトを知ってもらうために会員向けニュースレターを大型看板にするという工夫で、お客様とのコミュニケーションが生まれる。

お客様が予期しない何かのサービスを実行し、お客様から好かれて気に入られるには、お客様の情報が必要になります。

お客様の要望に関する情報がいち早く入ってくると、対応もより早くなるのでライバルよりも有利な取り組みができるのです。


ハウディでは、毎月週末の土曜日・日曜日にテイスティングバーをオープンしています。

個性際立つワインや、ブドウ品種特集でワインを楽しんでもらうなど、季節に応じてさまざまな企画がつくられ、お客様との関係づくりに取り組んでいます。

テイスティングバーは無料の試飲とワンコインで楽しめる有料の2つのものがあります。

実際に、この企画を楽しみにされている方も多く、1時間以上も滞在する人もいると言います。「ワインのことがよくわからないのですが」とか「ちょっとこのラベル面白そうですね」と、気軽に対話できるのがこのお店の魅力です。

「テイスティングをきっかけにお客様の趣味や楽しみ、いまの関心ごとなど知ることができるので、お客様との距離感がとても近く感じています」と、吉田さんは話してくれました。

「人は自分に興味・関心を示す人を好きになる！」という人間関係をつくるルールがあります（デール・カーネギー『人を動かす』より）。

お客様に気に入られて、喜ばれているからこそ、近隣のお店と競合することがなく、価格競争に陥らないお店づくりができるのです。

ハウディは現在、1000アイテム以上の自然派ワインが棚いっぱいに並んでいます。

「家飲みにどれがいいですか？」
「お世話になった方への贈り物におすすめはありますか？」
「大切な人との特別な日にはどのワインがいいですか？」
など、相談できるワインのお店で地域ナンバーワンに選ばれ業績を伸ばしています。

お客様がお客様を呼ぶ！紹介の仕掛けとは？

のどかな田園風景のなかを走るローカル線、北条鉄道の法華口駅から車で15分ほど走ると、「もりかわ住宅」という工務店があります。

平成3年創業、従業員5名の小さな工務店ですが、兵庫県加西市の特定エリアで毎年業績を伸ばし、業界平均の2倍近い利益を確保しています。

なぜ、このような田園が広がるのどかな地域で業績を伸ばし続けることができるのでしょうか？

実は、もりかわ住宅の売上げの8割は、何とお客様からの紹介でつくられています。

北条鉄道「法華口駅」の風景。もりかわ住宅は、こんな地にある。

原動力はお客様の紹介です。

紹介をもらうための仕組みはどのようになっているのでしょうか？
森川社長がその取り組みについて話してくれました。

家はお客様と納得いただけるまで打ち合わせを繰り返し、設計図を描いて建てるのですが、頭のなかでのイメージと、暮らしてみて初めてわかる使い勝手の良さ悪さというものがあります。家具を入れてみて「あともう10センチ、コンセントの位置を横にしてほしい」といったご要望などもちょくちょくあったりします。

そこで、先駆けてお客様の不便の声を集めることに取り組んでいます。

「ちょっと気になることがあるんですが」と、お客様から連絡をいただく前に、直接お客様のお宅を訪問して取材しています。アフターメンテナンスとは別に、お引き渡しの1カ月後に行っているのです。

取材内容は次の5つです。

1. 暮らして不便に感じたことや不安に思ったことはないか?
2. 設計から施工工事に至るまでどこか不満はなかったか?
3. お客様の要望を満たすことができたか?
4. どのようなことに満足いただけたか?
5. 新しいお家で生活がどのように変わったか?

必ずお客様のお宅へ訪問し、現場をしっかり見て、不便や不安の声を集めています。私が現場にいるだけでもお客様の安心感につながると思っています。声に出てこない不満や要望を先取りして感じ取るには現場で寄り添うことが一番なのです。

お客様からお聞きした不安要因は、その日のうちにすべて対応するようにしています。「また、次回の訪問のときに……」なんてのんきなことは言ってはいられませんよね。お客様の立ち場になれば、「一刻も早いほうがいい！」ので、できることは即日に対応し解決しているのです。

もりかわ住宅は「何かあったらすぐに対応してくれる」と印象に残していただけるように行動で表すことが重要だと思っています。

お客様は施工現場で「職人に話しかけてはいけない」「邪魔をしてはいけない」と感じているかもしれません。また、どんな人が家づくりに関わっているのかも知らないのが現状です。

そこで、「もっと気軽にお客様と職人とが接点を持つことができないだろうか？」「現場で目の前に職人がいなくても、たくさんの職人が家づくりに関わっていることを知ってもらうにはどうすればいいだろうか？」と考えたのがこれです！

職人たちの「プロフィールボード」です（次ページ参照）。

「もりかわ住宅」がお客様とつながる職人さんの「プロフィールボード」

「職人に話しかけてはいけない」という、お客様が感じていることを不便ととらえ、従来にない、職人さんとお客様との深いコミュニケーションを生み出している。人と人との家づくりを見事に取り入れていた例。

現場でお客様にとても評判がよくて喜んでもらっています。

もりかわ住宅では職人のプロフィールがすべて公開されています。プロフィールボードには、職人の顔写真を貼りつけて、年齢や血液型、趣味や出身地、仕事に対するモットーなどが手書きでつくられています。

お客様から「同じ年齢ですね」とか「文字がかわいい丸字で親近感を持ちました」といったことや、土木工事の職人に「うちのおやじと昔バンド仲間だったんですね」と話しかけられたりしています。

現場に来ることの少ないお客様も気軽に大工と話をしたり、プロフィールボードを撮って家族にＬＩＮＥで共有している人もいます。

地元で地元の人たちが仕事をしていたら、いろんなところでつながりができています。

また通常、建築現場で業者さんは、挨拶はするけれどお客様と深く話すことはまずありません。

私たちは、地元の協力業者さんとともにアフターメンテナンスを行っているので、職人の人柄を知っていただけることは、後々のことを考えるととても重要だと考えています。

こうした取り組みを行うことで、職人は現場により責任感を持ってくれるようになりました。

ある現場では、お客様が外壁業者の職人に「誕生日でしょ」とケーキを持って来てくれました。職人もすごく喜んでいました。

現場があったかい。
人間関係ができている。
意識が変わる。
現場がかわる。

職人同士でも「お前、そんな趣味があったんや」「今度一緒にどうや?」とプ

お客様との積極的なコミュニケーションにより紹介客があとを絶たない

（写真左）

家づくりに対する思い
ミスなく丁寧にがんばります。

大工
横田 晴樹（よこたはるき）
生年月日 昭和55年4月19日
血液型 AB型
趣味 家族サービス
家族 妻、長女、次女

（写真右）

お客様の希望をかたちに
できるような丁寧な施工を
こころがけています。

大工
當寺ヶ盛 創
生年月日 昭和60年5月1日
血液型 O型
出身 加古川市
趣味 バスケットボール・フットサル
現住所 ------

ロフィールシートをつくることで絆《きずな》が強くなっています。
いま、目の前のお客様に全力で喜んでもらうために取り組んでいることが、狭い地域でより一層の波及効果を生み出しています。

もりかわ住宅のような田舎にある、小さなお店や小さな会社は、立地条件だけでもほかのお店や会社に比べて不利な条件になります。

しかし、お客様がお客様を連れてきてくれる仕組みをつくることこそが、まさにリピート客で商売をする「商売繁盛の法則」です。

もりかわ住宅では、これまで職人さんとお客様が互いに話すことのなかった業界の慣習という常識が、お客様を不安にし、不便をかけていることに着目し、積極的にコミュニケーションをとるという取り組みで、紹介客があとを絶たない仕掛けを考えたのです。

これぞ商売繁盛の法則。人こそがすべて！

通常、住宅会社のメンテナンスサポートは３カ月後、６カ月後、１年後、３年後、５年後、10年後と定期的に点検が行われていますが、もりかわ住宅では毎年１回、必ずお客様を訪問メンテナンスしています。

実は、私の父（会長）が資材置き場のために買った土地を耕し、本気でスイカを栽培しているのです。数年間、豊作が続いて３００個以上もスイカを収穫できるようになりました。

そこで、お客様にも旬のものをお裾《すそ》分《わ》けしたいと思い始めました。

「おやじがつくったスイカです」「家でつくったおいしいスイカです」「ご家族で召し上がってください」と、２００件のお客様へ10日かけて届けています。

お客様からは「お店で買ってきたものではなく、手づくりしたものだから感動しますね」とか「スイカを見るだけでほっこりします」と、とても評判が良くて、スイカの育て方とか、おやじのこととかで会話が盛り上がります。

スイカを通じて、お客様の心のメンテナンスも行っている。

スイカをきっかけに、家のメンテナンスだけではなく、家族の近況を話してくれたり、子供さんの野球チームの話をしてくれたり、ずいぶん親しくなりました。

出張に出かけたとき、地方の特産品をお土産に買っておうかがいすることもありましたが、おやじのつくった手づくりのスイカほど、お客様に喜んでもらえるものはないと思っています。

お客様からは「あのときのスイカおいしかったよ。ありがとう」と、その反響は数カ月後も続くんです。

もりかわ住宅では、定期メンテナンスは家だけでなく、お客様にとって身近な存在であり続けるため、心のメンテナンスも行っています。

地域密着のお店や会社は、こうしたローカル性を打ち出すことで、お客様とより強い関係づくりができるのです。

「モノ」よりも「ヒト」。

詰まるところ、商売繁盛の原則とは、お客様と関わりのなかから商売の楽しさを見つける作業なのかもしれません。そして、お客様の笑顔こそが商売を続ける原点なのかもしれません。

私が関わってきた、多くの小さなお店や小さな会社は、経営者もスタッフ、従業員もみんな笑顔でした。彼らはお客様を笑顔にすることで、実は自分たちが笑顔に変わっていったのです。

そして、みなさんの笑顔は私も笑顔に変えてくれます。

まさに笑顔の伝染です。

そう。今度はあなたの番です。

これまで紹介した取り組みや仕掛けは、けっしてスゴいわけではありません。小さなお店や小さな会社が、お金がないなかで生み出した知恵と言ってもいいでしょう。

しかし、簡単なこともコツコツと続けられること、これこそがスゴいことなのです。

「商い」を「あきない」で続けた先には、きっとあなたも笑顔に変わります。

おわりに

ショックでした。
先日、倒産の9割が小さなお店や小さな会社という事実を知りました。
東京商工リサーチから、2017年の飲食業の倒産状況のデータが発表されました。

2017年（1-12月）の「飲食業」の倒産は前年より約2割増になり、3年ぶりに750件を上回った。全体では負債1億円未満の小・零細規模が88・7%、全体の9割を占めた。
　原因別では、1位が販売不振で全体の8割である。

倒産状況のデータを確認してみると、小さなお店や会社にとって、人手不足による人件費の負担や資材高騰によるコスト高なども大きな要因として取り上げられていました。

現在の経営環境は、とても厳しいことを理解することができます。

また、休業、廃業についても3年連続で伸びているというデータも公開されていました。さらに、過去3年間のデータを調べてみても、小さなお店や会社の倒産の割合は変わっていませんでした。


創業15年のある洋菓子店を訪れたとき、オーナーがこんなことを話していました。

「この地域は人の数が減って元気がないのですよ。小学校は統合されて子供の数も減って……。町を歩いてみてください。古い家が多くて、若い人が住み着いてくれるようなところじゃない」

洋菓子店のオーナーは、自分のお店がジリ貧になっているのは、自分の周りの環境が以前と比べて悪化しているからだと、私に訴えるように話しました。

帰り道、オーナーと一緒に駅まで歩きました。

「あの建物は何ですか？」と行く先を確認すると、「あぁ、あれはファミリーレストランですよ」と、1週間後に開店する予定だと教えてくれました。

国道沿いに出ると住宅展示場の新しい看板を見つけました。

オーナーは「昨年、この町で2番目に大きな工務店の住宅展示場が新たにできました。競争が激しいようです」と、自分には関係ないようなそぶりで言いました。

あとで調べてみると、いくつか洋菓子店もできていました。

私はこの地域の環境は目まぐるしく変化していると感じました。

同時に、このオーナーはこれまでとずっと同じやり方をしていて、お客様に飽きられて、お客様に選ばれていないことに気づいていないのだろうと思いました。

ずっと守り続ける大切なこともあれば、時代に合わせて変えなければならないこともあります。マンネリはお客様を飽きさせてしまうのです。

この本『お客を呼ぶ！　スゴい仕掛け』で紹介しているお店のオーナーや会社の経

営者・リーダーは、お客様に選ばれるため、より喜んでいただくために、お客様中心の経営原則を学び、一生懸命に考え、スタッフと楽しみながら取り組んでいます。

２０１７年12月31日に、第１章で紹介している「パティスリー・ガレット」の代表の久保徹也さんを訪問しました。

久保さんは、新しく働いてくれる人が増えたとうれしそうに話してくれました。そして、「勉強をして、学んだことがたくさんありました。まだまだわからないことばかりですが、１つ新人教育のやり方を変えました」と言うのです。

私は教育の方法を伝えた覚えがないので、「どんなことだろう？」と興味を持って聞きました。


久保さんは目を細めて笑顔でこう話してくれました。

「新しいスタッフには、このように教えています。『あなたの仕事はお菓子やケーキを販売することではないのです。あなたの本当の仕事は、お客様と話をして、お客様と仲良くなることなのですよ。仲良くなるためにはどうすればいいのかを考えて仕事をしましょう』と言うと、彼女（スタッフ）は自分のやるべきことをしっかり理解したようで、どんどん積極的に店の奥から出て、お客様と関わってくれるようになったのです」

別のある洋菓子店でのことです。

50歳くらいの男性がショーケースの前に立って、「このデコレーションケーキをお願いします」と言いました。店員は「お誕生日ですか？」と聞くと、「ええ、娘の誕生日に」と答えました。

店員はカードを取り出しメモの準備をして、「お名前を教えていただけますか？」と尋ねました。すると男性は、「ひらがなで、もみじです」と短く言葉を切りました。「もみじさん、素敵なお名前ですね。どんな思いを込めてつけられたのですか？」と、その娘さんの名前の由来を聞きました。男性はしばらく考えてゆっくりとした口調で話し出しました。

男性は、昔の楽しかったことでも思い出すように腕組みをしたまま話し続けました。話に間が空いたとき、「もみじさん、幸せですね」と店員が言うと「最近、娘とほとんど会話することがなくて……」と、男性はさっきまでの笑顔はなくなり、寂しそうに言いました。

「ハイ！　できました。ろうそくは何本にしましょうか？」とショーケースのなかで店員が弾むテンポで尋ねました。

「16本です」

そして、16本のろうそくと赤いリボンに包まれたバースデーケーキを受け取った男性は、深く頭を下げて帰って行きました。

それから数日後、男性がまた来店しました。

「ありがとうございます。あの日の夜、娘と一緒にケーキを食べました。店員さんが聞いてくれた名前の由来や娘に託した思いを話すことができました。うれしかった。ありがとうございました」

わざわざお礼を言うために、その男性はお店にやって来たのです。

あなたは、この洋菓子店の話から何を感じましたか？

小さなお店や会社が一丸となり、1人ひとりのお客様と精いっぱいに向き合っていく姿は「感動」です。しかも1円の費用もかからないのです。

ネットショップではたくさんの商品を売っているけれど、人のぬくもりは少なくなっている……。

POPやお知らせなど、店頭での情報は増えているけれど、お客様とのコミュニケーションは減っている……。

マニュアルで販売員の対応レベルは高くなったが、人に対する関心は低いように感じる……。


お客様と心の触れ合う瞬間を増やしてほしい！

これはけっして忘れてはならない「あきないの原点」なのです。


現実はそんなに甘くないかもしれません。

しかし、笑顔は元気の原動力であることは事実です。

あなたが、お客様の笑顔を創り出しているのです。

小さな一歩が大きく未来を変えることを私は信じています。

ここまで読んでいただき、ありがとうございます。

最後に、この本を書くことができたのもたくさんの方の献身的な協力があったからだと感じています。

本を出版するきっかけは、株式会社ＨＥＡＤＳの代表、暮松邦一氏からの相談でした（株式会社ＨＥＡＤＳは、大阪市東住吉区で１９８５年創業。町の小さな洋菓子店や花屋さんなど、小売店の包装資材をネットやカタログで通信販売をしている会社です。デザイン性の高い包装資材は小ロットから購入できると、大変人気のお店です）。

暮松さんの「私たちのお客様の多くは、営業時間が長い小売店を少人数でやり繰りしています。そんなお客様から、『日々の仕事に追われ、経営の勉強をしたくても時間が取れない。届いたカタログも寝る前に、ベッドに入って見ています……』といった話を耳にしました。どうにかしてお客様の力になれないか？」と考えた末の相談でした。

「小さなお店の力になりたい！」

私は暮松さんの思いに共感しました。

２０１６年３月「小さなお店　繁盛店の法則」という20回連載のコラムが始まりました。

現在、暮松さんは毎月３万軒のお客様に届けていらっしゃいます。

「繁盛店の法則」は具体的でわかりやすい！

読みやすい！

店のみんなで取り組みました！

おかげで成果が出ています！

と、たくさんの方から喜びの声が届くようになりました。

ありがたいことです。

私は、小さなお店や会社がもっと元気になれば、地域が元気になって、そして日本がより元気になっていくと信じています。

私に機会を与えてくださった暮松さんに感謝の気持ちでいっぱいです。


またコラムの編集、デザインにはHEADSのたくさんのスタッフが関わってくれました。デザインを担当してくれた仲谷奈津子さん　編集を担当してくれた中野加菜さん、山下陽子さん、全体のスケジュールを管理してくれた岡田眞子さん、まとめ役ムードメーカーの廣澤美和さん。私のスケジュールを考慮して、ランチタイムにもかかわらず快くミーティングを開催していただき、チームの結束力に感動したことが幾度もありました。

「小さなお店　繁盛店の法則」の連載は終わりましたが、熱く語り合った時間は、ずっと私の心に映像となって残っています。

快くインタビューを受け入れてくれたパティスリー・ガレットの久保徹也さん、プロムナードの前田達男さん、俣木由香さん、もりかわ住宅の森川育男さん、ハウディの奥畑彰規さん、吉田さき子さん、むさしのの髙橋賢司さん、植垣米菓の植垣博智さん、彩鳥屋てっちゃんの早崎哲生さん、フラワーショップcinnamonの朝比奈由紀子さん、若富の金田慶烈さん。

あなた方が失敗を乗り越えて取り組んできた体験や、お客様に対する大切な思いを私が必ず小さなお店や会社の方々に届けていきます。そして、アンケートにご協力いただいた皆様、心から感謝しています。

チームＮＮＡのみんな、ありがとう。中野仁さん、藤原紀子さん、永野一美さん、松島則子さん。このチームがあるからこそ、私は頑張ることができます。ＮＮＡは私の宝物です。

この本を企画プロデュースしていただいたフォレスト出版の稲川智士さん、ありがとうございます。一緒に仕事をしている瞬間が楽しすぎて、本を書き終えて、最後の原稿が届けられたとき、寂しい気持ちになりました。

そして、竹田陽一先生。私は先生からランチェスター戦略を学び、人生が劇的に変わっていきました。奇跡的なことの連続でした。また今回、出版に合わせてアンケートの取り方などたくさんのアドバイスをありがとうございました。いつまでもお元気で、ご指導をよろしくお願いします。

最後に、家族の支えがあるからこそ、いまの私がここにいます。心からありがとう。

2018年2月　大阪南森町　オフィスにて

佐藤　元相

【お客様からの絶賛の声】

営業の仕組みをつくるだけではなく、なぜ顧客視点が大切なのか？
インプットした部分をしっかりと社員に話してみます。

（太陽光発電システム設計施工メンテナンス　有限会社アミカブルサービス
代表取締役　髙野浩）

ハガキでお客様とお近づきになることはとても大事なことであると、あらためて感じました。いままでのお客様リストをもっと活用したいです。

（いしまつ園芸店　店主　髙橋園子）

営業の仕組みをつくるだけではなく、なぜ顧客視点が大切なのか？
その部分を社員と話してみます。

（エクステリア業　有限会社新建エクスプランニング　川端聖）

自社視点で、お客様に私たちのことは知られていない。
どんな仕事、何をやっているのかわかっていない。
この会社は何をしてくれるのか？
お客様にわかってもらえていない。

（製造業　装身具事業部　次長　N・K）

あらためて、商品や広報の売り込みではなく、社長、スタッフの人間性をPRし、選んでいただけるよう人間性に磨きをかけ、仕組みづくりに取り組んでいけるよう頑張ってまいります。

（建築業　株式会社城南組　代表　寄本猛）

とてもシンプルなところに答えがありました。
お店を始めたとき、一番大切にしていたはずのことが忙しさとともに、慣れで1つ……2つ……と、あと回しになっていたことに気づきました。

（手作り靴製造販売　赤井百合子）

普段、会社の会議は販売数を伸ばすことを目的に行われています。
いまひとつ発展性のない議論になっているということを強く感じていましたが、自社目線からお客様目線に切り替えることで、まったく違った見方になるという大発見がありました。

（食糧卸会社　営業担当　Y・G）

経営計画をリセットしたいです。
お客様に喜んでもらうために何ができるのか？
あきないの原点を学びました。

（工務店　代表取締役　N・M）

いままでは客数増をするためにはどうすべきか、そのことばかり考えておりました。
お客様からいかに選ばれるか、そのためにはどうすればいいのか？
とてもよく理解できました。

（パン・サンドウィッチの製造、販売　株式会社イスズベーカリ　代表取締役　井筒英治）

ひと言、「信頼」という言葉につきます。
いままで、1回に何人とか、月平均何人集客したということばかり考えていました。
お客様が主語にならなければいけないと思いました。

（整骨院　店主　Y・T）

頑張って仕事をして利益が出ないのは、方向が間違っているとのこと、もう一度、いまやっていること、安く売っている分野、また値段の競争をしている分野は見直しをして、価格が自社で設定できる一番の分野、お客様を探す必要性を感じました。

（パン製造販売　有限会社内田パン　代表取締役　内田敏之）

社長がやるべきことと現場がやるべきことが混同していたように感じています。私ができること、やるべきことが少しずつ明確になってきました。
そこに向けて走っていきます。

（パン屋「ボナペティヤナギヤ」　有限会社ヤナギ　代表取締役　宮所忠喜）

利益を上げるためにやるべきことが非常にわかりやすかった。
そして、学んだことはシンプルで最大限の効果を期待できることばかりでした。

（食品製造・販売　営業　N・D）

いま、本当にチラシについて、迷っていたところです。
先月から私も手書きでチラシをつくり始めましたが、内容は思いつきませんでした。
狭い地域で段階を踏んだ信頼関係のつくり方がとても参考になりました。

（建築業　株式会社雁瀬工務店　部長　雁瀬富美子）

視点を変えるだけで、物事の考え方が変わる。
選ばれている理由を明確にできれば、それに向かって進むことができる。
カンタンなようで難しいことですが、落とし込んでいきたいと思います。

（教育関連事業　株式会社成学社　施設管理課　松岡基明）

もともとは建設中心だったのですが、14年前よりインターネット中心で販売・製作・施工をやっていて、ここ最近のネット業界もリアルとの融合が言われています。
うちの会社も1年前より東京で防音のイベントを始めて、ずっとパソコンの向こうのお客様とリアルに接するようになり、お礼のハガキは大事だと感じました。
メールとはまた違うお客様へのアプローチをあらためてやろうと思います。

（インターネット販売　防音専門　株式会社ピアリビング　代表取締役　室水房子）

私がしていることに意味があるのか？　自信がなくなってしまいました。
売上げを上げる・お客様（新規）を増やすことばかりに気をとられていました。
今後は来店いただいているお客様に、より信頼していただけるように考えていこうと思いました。

（プライベート・ホームエステサロン「CANTIK」　オーナー　佐藤佐和子）

自分のなかに秘めていたこと、していなかったこと、サボっていたことを反省し、これから押し寄せる大波に戦っていく力が湧いてきました。

（家づくりお手伝い　株式会社シバ・サンホーム　加藤博視）

新規開拓よりリピーターに注力する。
コミュニケーションを通してのフォロー=先行投資。

（靴・バッグ販売業　営業担当　M・S）

1日5%をお客様のために使ってみる。

（フラワーショップ　代表　T・S）

当社も人にスポットを当て、お客様から人柄で選んだと言われています。
あらためて再認識しました。

（株式会社JJF　志村保夫）

毎日の活動のなかで、売上げを伸ばすためには目新しいことをすれば良いという意識が高かったが、逆にコストがかかっていることに気づいた。
お客視点と言いながら、まったくその視点に立っていないどころか、見ていなかった。

（木材卸販売　有限会社佐藤木材店　佐藤基久）

何をすべきなのかスタートラインが見えました。
社員ミーティングなどでも自社視点での意見が多かったので、見方を変えて、お客様視点（いままでとは違った）で会議することができます。

（料理教室　代表　F・Y）

価格の載ったチラシは価格競争に陥る。
高額な買い物は、モノではなく人から選ばれているということに目からうろこでした。

（デンキショップにしのはら　西ノ原功三）

こんなカンタンなことと思いつつ、実行できていませんでした。
まず、私が見本となっていきたいと思います。
また、たった3%の値引きで赤字になるなんて衝撃的でした。

（東福岡トーヨー住器株式会社　代表取締役　溝江尚元）

安くやる、何でもやる、どこへでも行く。
これでは未来はないと学びました。
お客様づくりのための時間を増やすことが一番の解決策だと思いました。
全員営業の仕組みをスタッフと一緒に考えたい。

（ガーデン・エクステリア専門店　株式会社二光　代表取締役　枇杷光二）

日々の仕事のなかで、どうしても自社のことばかりを注目して、お客様視点の発想が私自身、非常に薄れていることに気づきました。
具体的な一歩が踏み出せそうです。

（森工務店　一級建築士　森昌智）

受講する前はリピート率とかの話だと思っていました。
顧客満足度を上げるとか、自社目線のイメージしかありませんでした。
ですが、話をうかがって、人間関係のつくり方、お客様目線、お客様から選ばれるにはどうすれば良いかなど、考え方がまったく違っていたことに気づいたことが一番大きかったです。

（リフォーム業　代表　O・K）

予想以上に（失礼します）ためになり、気づきの多い時間となりました。学んだことを自社でも展開できればと思います。

（エクステリアガーデン・設計・施工　セキスイデザインワークス株式会社　西堂篤史）

（以上、敬称略　順不同）

〈著者プロフィール〉

佐藤元相（さとう・もとし）

1位づくり戦略コンサルタント。NNA株式会社代表取締役。

1962年生まれ。在阪のモノづくり企業に従事した自らの体験を踏まえ、コンサルタントとしてこれまで1300社以上の指導実績を持つ。また、豊富な現場経験から生み出された「No.1戦略」「下請け脱却戦略」をはじめ多彩なテーマで年間200回以上のセミナーを行い、「実践的かつ即効性がある」と好評を博している。自ら主催する「あきない実践道場」には全国からたくさんの経営者が参加。その理論を実践し短期間に多くの成功事例を生み出している。

日本最大の製造業ポータルサイト「エミダスホームページ大賞」業者制作部門グランプリと総合グランプリを2年連続受賞。『商工にっぽん』(4月号)の「稼ぐ名刺ベスト5」に選出。日本郵政公社全日本DM大賞ハガキ部門銅賞受賞。2006年より、ある上場企業の中国での戦略コンサルティングに携わり、中国市場におけるビジネスモデルを確立し、事業基盤の拡大、大幅な販売続伸に貢献。その成果により、プロジェクトチームが社長賞を受賞。

「人を元気に　会社を元気に　地域を元気に！すること」を掲げ、経営者とより良い未来を一緒に創っていくことを自らの使命としている。

著書に『小さな会社★集客のルール』『小さな会社★NO.1のルール』『「あなたのところから買いたい」とお客に言われる小さな会社』(いずれもフォレスト出版)がある。

◆ホームページ:https://www.nna-osaka.co.jp/

〈監修者プロフィール〉

竹田陽一（たけだ・よういち）

中小企業コンサルタント。ランチェスター経営株式会社代表。

福岡県久留米市出身。福岡大学経済学部卒業後、建材メーカーで経理と営業を経験。28歳のときに企業調査会社、株式会社東京商工リサーチに転職。34歳のときセミナーに参加してランチェスターの法則と出合う。44歳のとき起業してランチェスター経営を創業。以後、全国を講演で回り、講演回数は4300回を超える。また、中小企業の社長向けに経営戦略CD150巻、DVD100巻を制作・販売している。中小企業コンサルタントの名手として、不動のポジションをキープし続けている。この間、法則の生みの親となったフレデリック・ランチェスター氏の墓参りを7回している。

著書に、『ランチェスター弱者必勝の戦略』(サンマーク出版)、『社長のためのランチェスター式学習法』『1枚のはがきで売上を伸ばす方法』(以上、あさ出版)、『小さな会社★社長のルール』『なぜ、「会社の数字」は達成されないのか？』『THE LANCHESTER STRATEGY FOR MANAGEMENT(英文のランチェスター戦略)』(以上、フォレスト出版)がある。

◆ホームページ:http://www.lanchest.com/

ブックデザイン／Panix(Keiichi Nakanishi)
本文レイアウト・図版／白石知美(株式会社システムタンク)

お客を呼ぶ！ スゴい仕掛け

2018年2月20日　　初版発行

著　者　佐藤元相
監　修　竹田陽一
発行者　太田　宏
発行所　フォレスト出版株式会社
〒162-0824 東京都新宿区揚場町2-18　白宝ビル5F
電話　03-5229-5750（営業）
　　　03-5229-5757（編集）
URL　http://www.forestpub.co.jp

印刷・製本　萩原印刷株式会社

ISBN978-4-89451-791-2　Printed in Japan